Petits Classiques
LAROUSSE

*Collection fondée par Félix Guirand,
Agrégé des Lettres*

L'Île des esclaves

Marivaux

Comédie

Édition présentée,
annotée et commentée
par Élio SUHAMY,
chargé de cours
à l'université Paris-IV Sorbonne

© Éditions Larousse 2006
ISBN : 978-2-03-586153-5

SOMMAIRE

Avant d'aborder l'œuvre

- 6   Fiche d'identité de l'auteur
- 8   Repères chronologiques
- 10   Fiche d'identité de l'œuvre
- 12   L'œuvre dans son siècle
- 18   Lire l'œuvre aujourd'hui

L'île des esclaves

MARIVAUX

- 23   Scène 1
- 28   Scène 2
- 36   Scène 3
- 43   Scène 4
- 46   Scène 5
- 53   Scène 6
- 58   Scène 7
- 59   Scène 8
- 65   Scène 9
- 68   Scène 10
- 71   Scène 11

Pour approfondir

- 78   Genre, action, personnages
- 89   L'œuvre : origines et prolongements
- 99   L'œuvre et ses représentations
- 107   L'œuvre à l'examen
- 123   Outils de lecture
- 125   Bibliographie

AVANT D'ABORDER L'ŒUVRE

Fiche d'identité de l'auteur

Marivaux

Nom : Pierre Carlet de Chamblain, dit Marivaux.

Naissance : à Paris, le 4 février 1688.

Famille : peu d'éléments connus sur la famille de Marivaux. Son père, fonctionnaire, fut directeur de la Monnaie à Riom, puis à Limoges.

Formation : éducation classique au collège de l'Oratoire. Études de droit à Paris, qu'il abandonne rapidement.

Début de la carrière : écrit d'abord des romans précieux ou parodiques : *Les Effets surprenants de la sympathie* (1713), *La Voiture embourbée* (1714), *L'Iliade travestie* (1717). Marivaux fréquente les salons à la mode, il devient journaliste et publie des chroniques, des croquis, des réflexions, essentiellement dans *Le Nouveau Mercure de France*.

Premiers succès : Marivaux se fait connaître par les Lettres sur les habitants de Paris, croquis et anecdotes publiés dans la presse ; ses premiers succès théâtraux datent de 1722 : *La Surprise de l'amour* (1722), *La Double Inconstance* (1723) et *Le Prince travesti* (1724). *L'Île des esclaves* (1725) est un de ses plus grands triomphes, en attendant la consécration du *Jeu de l'amour et du hasard* (1730).

Évolution de la carrière littéraire : après sa faillite, à la suite de la banqueroute de Law (1720), Marivaux cherche à vivre de sa plume. Il écrit surtout pour le théâtre. Il se lance également dans des créations de journaux épisodiques (*Le Spectateur français*) et écrit quelques romans novateurs (*La Vie de Marianne*, 1731-1742 ; *Le Paysan parvenu*, 1735). Il est élu à l'Académie française en 1742, de préférence à Voltaire.

Mort : le 12 février 1763, à Paris.

Portrait de Marivaux.
Gravure de Claude Pougin de Saint Aubin, 1781.

Repères chronologiques

Vie et œuvre de Marivaux	Événements politiques et culturels
1688 **Naissance à Paris (4 février) de Pierre Carlet de Chamblain.**	**1687** Publication des découvertes de Newton.
1698 Installation à Riom.	**1688** La Bruyère, *Les Caractères*.
1710 Études de droit à Paris. Fréquentation des salons et des Modernes.	**1697** Expulsion des Comédiens-Italiens.
1713 Abandon des études de droit.	**1710** Interdiction du langage parlé sur les théâtres de foire.
1717 *L'Iliade travestie*, parodie d'Homère. Mariage avec Colombe Bologne. Débuts dans le journalisme, au *Nouveau Mercure de France*.	**1715** **Mort de Louis XIV. Régence de Philippe d'Orléans.** Lesage, *Histoire de Gil Blas de Santillane*.
1718 Naissance de Colombe-Prospère, fille de Marivaux. *Lettres sur les habitants de Paris*.	**1716** Le banquier Law s'installe à Paris. Le Régent rappelle les Comédiens-Italiens.
1720 **Ruine de Marivaux, à la suite de la banqueroute de Law.** *Annibal*, tragédie : échec. *Arlequin poli par l'amour*, comédie, succès.	**1717** Création de la première loge maçonnique à Londres.
1721 Marivaux fonde *Le Spectateur français*, journal inspiré du *Spectator* d'Addison.	**1719** **Defoe, *Robinson Crusoé*.**
1722 *La Surprise de l'amour*, triomphe.	**1721** **Montesquieu, *Lettres persanes*.** Mort de Watteau.
1723 Mort probable de la femme de Marivaux. *La Double Inconstance*, succès.	**1723** **Début du règne de Louis XV.** Publication du *Livre des Constitutions de la franc-maçonnerie*.
1724 *Le Prince travesti. La Fausse Suivante.*	**1724** Bach, *Passion selon saint Jean*.
	1725 Mariage de Louis XV et de Marie Leszczynska.

Repères chronologiques

Vie et œuvre de Marivaux	Événements politiques et culturels
1725 ***L'Île des Esclaves* et *L'Héritier de village* au Théâtre-Italien.** **1727** Débuts de *L'Indigent philosophe*, journal. *La Seconde Surprise de l'Amour* et *L'Île de la Raison*. **1729** *La Nouvelle Colonie ou la Ligue des femmes* : échec. **1730** ***Le Jeu de l'amour et du hasard.*** **1731** Début de *La Vie de Marianne* (roman) dont la parution s'étale jusqu'en 1741. **1734** *Le Paysan parvenu*, roman inachevé. **1736** Reprises avec succès de *L'Île des esclaves*. **1740** *L'Épreuve*. **1742** **Marivaux élu à l'Académie française.** **1746** Colombe-Prospère prononce ses vœux. *Le Préjugé vaincu*. **1753** Marivaux reçoit une pension du roi. **1754** *L'Éducation d'un Prince*, dialogue politique. **1763** Mort de Marivaux à Paris le 12 février.	**1727** Mort de Newton. Traduction des *Voyages de Gulliver* de Swift. **1730** Succès du peintre Boucher et du musicien Couperin. **1731** Abbé Prévost, *Manon Lescaut*. **1732** Voltaire, *Zaïre*. Naissances de Beaumarchais et de Fragonard. **1735** Linné, *Systema Naturae*. **1745** Goldoni, *Arlequin, serviteur de deux maîtres*. **1747** Voltaire, *Zadig*. **1748** Montesquieu, *De l'esprit des lois*. **1752** Voltaire, *Micromégas*. **1753** Début de l'*Encyclopédie*, dirigée par Diderot et d'Alembert. **1756** Tremblement de terre à Lisbonne. Début de la guerre de Sept Ans. Naissance de Mozart. **1759** Suppression des spectateurs sur la scène de la Comédie-Française. Voltaire, *Candide*. **1761** Rousseau, *La Nouvelle Héloïse*.

Fiche d'identité de l'œuvre

L'Île des esclaves

Genre : comédie philosophique.

Auteur : Marivaux, XVIIIe siècle.

Objets d'étude : comique et comédie ; le théâtre : texte et représentation ; l'argumentation et la délibération ; les Lumières.

Registres : comique, satirique.

Structure : onze scènes, d'importance inégale, découpent l'action en quatre temps : l'arrivée sur l'île et la présentation de ses règles (1 et 2) ; les épreuves de Trivelin (3 à 5) ; jeux d'amours (6 à 8) ; pardons et épilogue (9 à 11).

Forme : pièce de théâtre, en un acte et en prose.

Principaux personnages : Iphicrate, maître ; Arlequin, son esclave ; Euphrosine, maîtresse ; Cléanthis, son esclave ; Trivelin, représentant de la loi sur l'île.

Sujet : à la suite d'un naufrage, un noble grec, Iphicrate, accompagné de son esclave Arlequin, échoue sur "l'île des esclaves". Selon les lois de l'île exposées par Trivelin, maître et esclave échangent noms et conditions ; il en est de même pour un autre couple, féminin, Euphrosine et Cléanthis. Trivelin pousse les ex-esclaves à décrire les crimes et ridicules des maîtres, et ces derniers doivent les reconnaître. Tous se réconcilient finalement, chacun reprenant son rang social. Trivelin laisse partir les quatre personnages rendus plus sages par l'expérience.

Représentations de la pièce : la pièce est créée en mars 1725 par les Comédiens-Italiens. Elle triomphe et est jouée 21 fois consécutivement. Elle sera reprise régulièrement du **vivant de l'auteur**.

Arlequin et Pantalon.
Sanguine.

L'œuvre dans son siècle

*C'est le joli temps de la Régence
Où l'on fit tout excepté pénitence...*
(chanson de l'époque)

MARIVAUX écrit *L'Île des esclaves* en 1725. Il est âgé de 37 ans, c'est sa neuvième pièce en six ans. Qu'est-ce qui a pu transformer un journaliste dilettante, un mondain de province fasciné par le « bel esprit » parisien en un prolifique auteur de comédies à la fois subtiles et légères ? L'époque, tout d'abord. La Régence est une période charnière de l'histoire artistique de la France. Il y a aussi, bien sûr, les déboires personnels de Marivaux, ruiné en 1720 par des spéculations boursières. *L'Île des esclaves* n'est pas une comédie sentimentale ; l'amour – fait rare chez Marivaux – n'y joue d'ailleurs presque aucun rôle. *L'Île des esclaves* fait triompher un genre nouveau : la comédie philosophique.

L'ESPRIT DE SÉRIEUX, qu'on attache si rarement au nom de Marivaux, donne toute sa profondeur à un texte très dense, très fort, qui lance parfois des cris quasi révolutionnaires, dans une atmosphère humaniste et souvent moralisante, propre aux Lumières naissantes.

Une nouvelle donne politique

LES DERNIÈRES ANNÉES du règne de Louis XIV sont des années sombres pour la France : crises économiques, famines, hivers rigoureux, guerres incessantes... Le roi qui n'en finit pas de s'éteindre s'est entouré d'un cercle de religieux farouches. Sous l'égide de Mme de Maintenon, les puritains ont envahi la cour. Le jeune Louis XIV adorait le théâtre ; le vieux Roi-Soleil, influencé par un entourage dévot, a accepté en 1697 que les Comédiens-Italiens, accusés d'obscénité et d'irrespect envers Mme de Maintenon, soient ignominieusement chassés du royaume. Les débats à la cour porteront désormais sur des arguties religieuses autour de Bossuet et de Fénelon.

L'œuvre dans son siècle

Louis XIV meurt en 1715. Son arrière-petit-fils, destiné à lui succéder sous le nom de Louis XV, n'est qu'un enfant. Le pouvoir tombe entre les mains de son grand-oncle, Philippe d'Orléans, autrement plus enjoué que le Roi-Soleil. Le Régent s'entoure d'un groupe de gentilshommes libertins, les « roués ». Le centre de gravité politique se déplace de Versailles à Paris, où l'aristocratie libérée de ses obligations courtisanes se jette dans une vie festive et dispendieuse.

Le Régent n'est pas qu'un fêtard ; travailleur forcené, il s'intéresse à l'économie. L'Angleterre incarne alors le modèle économique (et, pour certains, politique) de l'Europe. Le duc d'Orléans crée une « bourse » sur le modèle de la Bourse de Londres et appelle à ses côtés un Écossais, John Law, qui invente un système basé sur l'émission de papier-monnaie. Le système de Law s'effondre au bout de quelques mois, en 1720, provoquant des faillites (dont celle de Marivaux) mais aussi des enrichissements brutaux.

Une partie de la bourgeoisie enrichie sollicite des postes politiques et économiques : c'est le départ d'un mouvement de transformation de la société qui va traverser le XVIIIe siècle avant d'être interrompu à la fin du règne de Louis XV. Désormais, le rang social n'est plus une donnée immuable ; les fortunes vont se faire et se défaire au cours du siècle, permettant à des roturiers d'accéder au pouvoir politique. Le thème de l'enrichissement personnel et de la puissance des riches sur les désargentés sera au centre de plusieurs comédies de Marivaux – qui sait bien de quoi il parle.

Le thème de l'argent en appelle un autre, celui que nous appelons aujourd'hui « l'ascenseur social ». Le pouvoir dit aux bourgeois : « enrichissez-vous ». Il est donc possible que l'artisan ou le petit bourgeois devienne, du jour au lendemain ou presque, un personnage considérable, accueillant à sa table nobles et princes du sang. « La différence de condition n'est qu'une épreuve que les dieux font sur nous », dit Trivelin dans *L'Île des esclaves*.

L'œuvre dans son siècle

La vie théâtrale pendant la Régence

EN 1716, après vingt ans de disette, les théâtres ouvrent à nouveau et les Comédiens-Italiens sont invités à revenir animer la scène parisienne. La troupe d'Antoine Romagnesi qui ouvre le Théâtre-Italien est une troupe de grande qualité. Capables de jouer aussi bien les farces que les comédies subtiles, les comédiens apportent un air nouveau qui attire les bonnes plumes. Marivaux est rapidement un auteur attitré du Théâtre-Italien mais aussi de la Comédie-Française.

LES FOIRES (foire Saint-Germain, foire Saint-Laurent), quant à elles, présentent des spectacles dans des lieux aussi bien équipés que les scènes officielles. Des auteurs comme Lesage, et plus tard Beaumarchais, y présentent leurs œuvres.

LA COMÉDIE-FRANÇAISE s'insurge contre ces concurrents et obtient du pouvoir le privilège d'être la seule à jouer de la tragédie. De fil en aiguille, la Comédie-Française empêche les théâtres de foire de jouer des pièces de théâtre parlées ; qu'à cela ne tienne, les comédiens détournent les consignes : ils miment, chantent (invention des vaudevilles, pièces de théâtre à couplets légers) et exhibent des pancartes où est inscrit le texte qu'ils n'ont pas le droit de prononcer (ce que le public fait à leur place). On y croise des personnages typés comme Arlequin, Scaramouche ou Pierrot.

INTERDITE EN 1719, la foire est rouverte triomphalement en 1722. On y voit, entre autres, des parodies des pièces sérieuses, mais aussi des inventions adaptées de grands succès comme *Robinson Crusoé*. Les comédiens improvisent et parsèment leurs textes d'allusion aux événements politiques du jour.

Une nouvelle conception du théâtre

AU COURS DE LA PÉRIODE qui part de la Régence pour finir à la Révolution, on observe une modernisation profonde du théâtre. Les conventions d'un genre essentiellement littéraire tombent

L'œuvre dans son siècle

une à une. Auteurs et spectateurs recherchent un plus grand naturel : la langue évolue, les écrivains n'hésitent plus à user d'expressions plus spontanées. Les sujets, au lieu d'être systématiquement tirés de l'Antiquité ou de la Bible, s'inspirent du monde contemporain. Marivaux n'a écrit qu'une pièce inspirée de l'Antiquité : son unique tragédie, *Annibal*, qui se révèle être un cuisant échec. On ne l'y reprendra plus !

CE MOUVEMENT a des conséquences sur les représentations théâtrales. Les spectateurs disparaissent définitivement de la scène. La distance entre l'espace scénique et les spectateurs diminue. Les décors, au lieu d'être abstraits et généralement uniques, se font multiples, variés, réalistes.

LES EXIGENCES DU PUBLIC imposent que les théâtres puissent représenter dans la même journée plusieurs spectacles, ce qui implique donc des décors différents. La plupart des techniques théâtrales contemporaines sont inventées à cette époque : pour changer les décors, les toiles peintes sont tendues sur des bâtons horizontaux, les « perches », qui peuvent disparaître au-dessus de la scène, dans les « cintres ». Des passerelles permettent à des « cintriers » d'effectuer des manœuvres au-dessus du plateau, comme d'enlever la bouteille d'Arlequin tirée par un fil invisible... On devine l'apport de ces techniques nouvelles à la représentation de féeries et autres fantaisies.

Ce théâtre nouveau devient apte à représenter autre chose que de la pure poésie : des idées.

Le succès de L'Île des esclaves

PRÉSENTÉE EN MARS 1725, la pièce rencontre un succès immédiat et durable. Les spectateurs apprécient à la fois les facéties d'Arlequin et le message humaniste délivré par la pièce. Marivaux écrira deux autres « îles » : *L'Île de la raison* en 1727 et *La Nouvelle Colonie* en 1729, pièces en trois actes qui ne connaîtront pas le même succès.

L'œuvre dans son siècle

AVEC *L'ÎLE DES ESCLAVES*, Marivaux acquiert la réputation d'un auteur dramatique de premier plan : on le savait capable de peindre avec talent les émois amoureux (*La Surprise de l'amour*, 1722) ; le voilà auteur sérieux, humaniste, philosophe. Marivaux, journaliste depuis longtemps, lance d'ailleurs, en 1727, un nouveau journal, *L'Indigent philosophe,* où il s'attribue le rôle d'une sorte de Diogène.

MARIVAUX, avec *L'Île des esclaves*, choisit de présenter sur une scène un débat d'idées, qui plus est dans une comédie ! La comédie permet de faire passer des idées applicables à tous à travers des personnages communs, différents des personnages « supérieurs » de la tragédie. Le théâtre facilite à la fois l'explication pédagogique (Trivelin prononce deux grands discours politiques) et la représentation de sa perception : il s'agit ici d'une « expérience » philosophique. Les personnages deviennent des agents chimiques dont on observe, comme dans une éprouvette, le comportement et l'évolution, voire la métamorphose.

Les Lumières naissantes

LE MOUVEMENT de transformation profonde des idées philosophiques et religieuses, amorcé pendant la Renaissance, s'est prolongé non sans mal au cours du XVIIe siècle. Les guerres de religion et la victoire de la religion réformée, sur une large partie de l'Europe, ont fragilisé l'Église qui n'est plus catholique (en grec, *universelle*) que de nom. Les découvertes scientifiques ébranlent un socle de connaissances jusque-là figé sur des concepts périmés : après les travaux de Copernic et de Galilée, les théories de Newton ouvrent un champ nouveau à l'investigation scientifique.

DÉSORMAIS, l'idée que la connaissance humaine n'est pas limitée à quelques privilégiés, et surtout qu'elle peut s'augmenter de perspectives inconnues des Pères de l'Église se répand dans la société. Cette connaissance doit être mise au service du plus

L'œuvre dans son siècle

grand nombre pour améliorer les conditions de vie de tous. Ce souci alimentera la grande parution du siècle, l'*Encyclopédie*, sous la direction de Diderot et d'Alembert.

DEPUIS DES DÉCENNIES, un débat récurrent met aux prises les Anciens, qui considèrent que les auteurs antiques et l'Écriture sainte ont fixé une fois pour toutes les canons de la beauté artistique et de la création, et les Modernes, qui clament la possibilité d'émergence de concepts entièrement nouveaux et nient l'infaillibilité des auteurs et philosophes antiques. Marivaux est bien entendu du côté des Modernes. Mais ce serait une erreur de faire des Modernes des révolutionnaires avec six ou sept décennies d'avance. Les Lumières ne prétendent pas faire table rase du passé : elles s'inscrivent dans un mouvement général, qui prend en compte aussi bien les Anciens que les auteurs médiévaux ou ceux de la Renaissance.

LA RÉGENCE voit éclore un grand nombre de lieux de rencontres. Des bourgeoises enrichies ou des aristocrates éclairées accueillent l'intelligentsia parisienne. Marivaux est un habitué des salons, où il recueille les mots d'esprits, observe les caractères, assiste à des débats d'idées. Ces lieux, ainsi que les loges maçonniques qui se répandent comme une traînée de poudre, jouent un rôle majeur dans la communication des idées au cours du siècle.

Lire l'œuvre aujourd'hui

L'Île des esclaves est incontestablement une pièce étrange. Fable théâtrale, elle rassemble sur une scène des personnages de la comédie farcesque (Arlequin, Trivelin), d'autres aux noms à consonance grecque et à la signification ésotérique (Cléanthis, Iphicrate, Euphrosine) ; le discours fait appel au cœur et à la raison du spectateur ; le tout formant une pièce courte, équilibrée. Mais la clarté apparente de la fable ne serait-elle pas une illusion ?

Que sont les Lumières aujourd'hui ?

Pour notre société contemporaine, les Lumières ont, semble-t-il, définitivement gagné plusieurs combats majeurs. Le bonheur de l'homme sur cette terre est une revendication naturelle ; son autonomie en tant que personne également. Le fait que les citoyens puissent débattre ouvertement de leur mode de gouvernement a été acquis par de longs combats.

Il n'en était pas de même au début du XVIIIe siècle. Le chemin parcouru depuis est immense ; et pourtant l'esprit des Lumières est régulièrement invoqué, dès que l'obscurantisme reconquiert des territoires désertés ou négligés.

Les utopies rêvées au temps de Marivaux ont donné lieu à des expériences politiques le plus souvent négatives. Après tout, lorsque les Khmers rouges décident d'envoyer tous les urbains à la campagne, ils appliquent un raisonnement qui a une logique et une cohérence. L'« autocritique » d'Iphicrate n'est pas sans ressemblance avec les autocritiques de la Révolution culturelle chinoise. Vouloir refaire l'homme, le modeler selon l'idée de quelques-uns plus « éclairés » que d'autres a conduit aux plus grands désastres.

Les utopies totalitaires s'éloignent définitivement de l'esprit des Lumières parce qu'elles en oublient un principe fondamental : le libre choix, l'importance du consentement à la loi commune.

Lire l'œuvre aujourd'hui

Liberté, égalité, fraternité...

Selon le philosophe Kant, les Lumières marquent la « sortie de la minorité » de l'humanité. Effectivement, nous semblons être, avec *L'Île des esclaves,* au commencement du monde, ou tout au moins à une résurrection : il est temps, dit Marivaux, d'ouvrir notre cœur et notre raison, et de rétablir l'harmonie entre les êtres. La pièce possède une charge affective importante, un pouvoir de conviction indéniable ; mais la rapidité avec laquelle Arlequin reprend son costume et sa fonction de serviteur choque nos yeux contemporains, profondément marqués par deux siècles de lutte pour l'égalité.

Aux yeux de Marivaux, l'égalité n'est pas un objectif premier : la véritable quête des personnages de *L'Île des esclaves* est une quête de fraternité. L'adhésion d'Iphicrate et d'Euphrosine aux principes humanistes décrits par Trivelin, les fait entrer dans l'humanité ; ils n'étaient, auparavant, que des pantins.

Marivaux donne toujours leur chance à ses personnages ; son œuvre ne contient aucun « méchant », seulement des malades ou des égarés qu'un discours bien appliqué fera revenir dans la société.

Il s'agit d'une idéologie généreuse, celle des Lumières : avec Marivaux, nous comprenons notre individualité, sans jamais cesser de n'être qu'un parmi les humains. Cette leçon d'humilité est aussi une leçon d'humanité.

Illustration extraite de la première édition de l'*Utopie* de Thomas More.
Gravure sur bois.

L'Île des esclaves

Marivaux

Comédie (1725)

PERSONNAGES

Iphicrate

Arlequin

Euphrosine

Cléanthis

Trivelin

Des habitants de l'île

Le théâtre représente une mer et des rochers d'un côté, et de l'autre quelques arbres et des maisons.

Scène 1

Scène 1 IPHICRATE *s'avance tristement sur le théâtre avec* ARLEQUIN.

IPHICRATE *après avoir soupiré.* Arlequin !

ARLEQUIN, *avec une bouteille de vin qu'il a à sa ceinture.* Mon patron !

IPHICRATE. Que deviendrons-nous dans cette île ?

ARLEQUIN. Nous deviendrons maigres, étiques[1], et puis morts de faim ; voilà mon sentiment[2] et notre histoire.

IPHICRATE. Nous sommes seuls échappés du naufrage ; tous nos amis ont péri, et j'envie maintenant leur sort.

ARLEQUIN. Hélas ! ils sont noyés dans la mer, et nous avons la même commodité[3].

IPHICRATE. Dis-moi ; quand notre vaisseau s'est brisé contre le rocher, quelques-uns des nôtres ont eu le temps de se jeter dans la chaloupe[4] ; il est vrai que les vagues l'ont enveloppée : je ne sais ce qu'elle est devenue ; mais peut-être auront-ils eu le bonheur d'aborder en quelque endroit de l'île et je suis d'avis que nous les cherchions.

ARLEQUIN. Cherchons, il n'y a point de mal à cela ; mais reposons-nous auparavant pour boire un petit coup d'eau-de-vie. J'ai sauvé ma pauvre bouteille, la voilà ; j'en boirai les deux tiers, comme de raison[5], et puis je vous donnerai le reste.

IPHICRATE. Eh ! ne perdons point de temps ; suis-moi : ne négligeons rien pour nous tirer[6] d'ici. Si je ne me sauve,

---

1. **Étiques :** extrêmement maigres.
2. **Sentiment :** opinion.
3. **Commodité :** possibilité.
4. **Chaloupe :** barque de secours.
5. **Comme de raison :** parce que c'est raisonnable.
6. **Nous tirer :** nous retirer, partir.

Scène 1

je suis perdu ; je ne reverrai jamais Athènes, car nous sommes dans l'île des Esclaves.

ARLEQUIN. Oh ! oh ! qu'est-ce que c'est que cette race-là ?

IPHICRATE. Ce sont des esclaves de la Grèce révoltés contre leurs maîtres, et qui depuis cent ans sont venus s'établir dans une île, et je crois que c'est ici : tiens, voici sans doute quelques-unes de leurs cases[1] ; et leur coutume, mon cher Arlequin, est de tuer tous les maîtres qu'ils rencontrent, ou de les jeter dans l'esclavage.

ARLEQUIN. Eh ! chaque pays a sa coutume, ils tuent les maîtres, à la bonne heure ; je l'ai entendu dire aussi ; mais on dit qu'ils ne font rien aux esclaves comme moi.

IPHICRATE. Cela est vrai.

ARLEQUIN. Eh ! encore vit-on[2].

IPHICRATE. Mais je suis en danger de perdre la liberté et peut-être la vie : Arlequin, cela ne suffit-il pas pour me plaindre ?

ARLEQUIN, *prenant sa bouteille pour boire.* Ah ! je vous plains de tout mon cœur, cela est juste.

IPHICRATE. Suis-moi donc.

ARLEQUIN *siffle.* Hu ! hu ! hu !

IPHICRATE. Comment donc ! que veux-tu dire ?

ARLEQUIN, *distrait, chante.* Tala ta lara.

IPHICRATE. Parle donc ; as-tu perdu l'esprit ? à quoi penses-tu ?

ARLEQUIN, *riant.* Ah ! ah ! ah ! Monsieur Iphicrate, la drôle d'aventure ! je vous plains, par ma foi ; mais je ne saurais m'empêcher d'en rire.

---

1. **Cases :** cabanes.
2. **Encore vit-on :** au moins, nous sommes vivants.

Scène 1

IPHICRATE, *à part les premiers mots.* Le coquin abuse de ma situation : j'ai mal fait de lui dire où nous sommes. Arlequin, ta gaieté ne vient pas à propos ; marchons de ce côté.

ARLEQUIN. J'ai les jambes si engourdies !...

IPHICRATE. Avançons, je t'en prie.

ARLEQUIN. Je t'en prie, je t'en prie ; comme vous êtes civil[1] et poli ; c'est l'air du pays qui fait cela.

IPHICRATE. Allons, hâtons-nous, faisons seulement une demi-lieue[2] sur la côte pour chercher notre chaloupe, que nous trouverons peut-être avec une partie de nos gens ; et, en ce cas-là, nous nous rembarquerons avec eux.

ARLEQUIN, *en badinant.*
Badin[3] ! comme vous tournez cela[4] ! *(Il chante.)*
L'embarquement est divin
Quand on vogue, vogue, vogue,
L'embarquement est divin,
Quand on vogue avec Catin[5].

IPHICRATE, *retenant sa colère.* Mais je ne te comprends point, mon cher Arlequin.

ARLEQUIN. Mon cher patron, vos compliments me charment ; vous avez coutume de m'en faire à coups de gourdin qui ne valent pas ceux-là ; et le gourdin est dans la chaloupe.

IPHICRATE. Eh ! ne sais-tu pas que je t'aime ?

ARLEQUIN. Oui ; mais les marques de votre amitié tombent toujours sur mes épaules, et cela est mal placé. Ainsi, tenez, pour ce qui est de nos gens, que le ciel les bénisse !

---

1. **Civil :** aimable.
2. **Demi-lieue :** une lieue fait environ quatre kilomètres.
3. **Badin :** qui aime rire.
4. **Comme vous tournez cela :** comme vous formulez cela.
5. **Catin :** diminutif de Catherine, prénom typique de fille de la campagne ; signifie aussi *prostituée*.

Scène 1

s'ils sont morts, en voilà pour longtemps ; s'ils sont en vie, cela se passera, et je m'en goberge[1].

80 **IPHICRATE,** *un peu ému.* Mais j'ai besoin d'eux, moi.

ARLEQUIN, *indifféremment.* Oh ! cela se peut bien, chacun a ses affaires : que je ne vous dérange pas !

IPHICRATE. Esclave insolent !

ARLEQUIN, *riant.* Ah ! ah ! vous parlez la langue
85 d'Athènes ; mauvais jargon[2] que je n'entends[3] plus.

IPHICRATE. Méconnais-tu ton maître, et n'es-tu plus mon esclave ?

ARLEQUIN, *se reculant d'un air sérieux.* Je l'ai été, je le confesse à ta honte ; mais va, je te le pardonne ; les hommes
90 ne valent rien. Dans le pays d'Athènes, j'étais ton esclave ; tu me traitais comme un pauvre animal, et tu disais que cela était juste, parce que tu étais le plus fort. Eh bien ! Iphicrate, tu vas trouver ici plus fort que toi ; on va te faire esclave à ton tour ; on te dira aussi que cela est juste, et
95 nous verrons ce que tu penseras de cette justice-là ; tu m'en diras ton sentiment, je t'attends là. Quand tu auras souffert, tu seras plus raisonnable ; tu sauras mieux ce qu'il est permis de faire souffrir aux autres. Tout en irait mieux dans le monde, si ceux qui te ressemblent rece-
100 vaient la même leçon que toi. Adieu, mon ami ; je vais trouver mes camarades et tes maîtres.
Il s'éloigne.

IPHICRATE, *au désespoir, courant après lui l'épée à la main.* Juste ciel ! peut-on être plus malheureux et plus outragé
105 que je le suis ? Misérable ! tu ne mérites pas de vivre.

ARLEQUIN. Doucement ; tes forces sont bien diminuées, car je ne t'obéis plus, prends-y garde.

---

1. **Je m'en goberge :** je m'en moque.
2. **Jargon :** charabia.
3. **Entends :** comprends.

Clefs d'analyse
Scène 1.

Compréhension

Informations
- Relever les éléments informatifs sur le lieu et l'action.
- Préciser comment l'auteur explique le fonctionnement de l'île des esclaves.

Registres
- Noter les registres successifs sur lesquels Arlequin s'exprime.
- Comparer les formes grammaticales employées par Arlequin et Iphicrate.
- Relever les didascalies dans cette scène ; observer ce sur quoi elles portent.

Réflexion

Dramaturgie
- Montrer comment l'avant-dernière réplique d'Arlequin annonce et résume l'ensemble de la comédie.
- Analyser l'utilisation des syllogismes (raisonnements déductifs) par Arlequin ainsi que les bases sur lesquelles l'utopie se construit.
- Comparer les visions qu'ont Arlequin et Iphicrate de l'île des esclaves ; dire en quoi elles sont complémentaires et opposées.

À retenir :

La première scène, l'exposition, présente le sujet de la pièce et certains personnages centraux. Ici, les deux premières répliques nomment les protagonistes ; la onzième réplique explique le titre de la pièce et le lieu. Enfin, l'avant-dernière réplique d'Arlequin préfigure l'ensemble de l'action, de même que la morale de la comédie philosophique.

La pièce en un acte ne peut développer des descriptions de personnages ni construire des intrigues secondaires. L'auteur se doit d'aller à l'essentiel. Rien ne doit dérouter le spectateur : les personnages obéissent à une typologie facilement identifiable (ici, un couple maître-serviteur) mais ils sont placés dans une situation originale qui pique la curiosité.

Scène 2

Scène 2 TRIVELIN, *avec cinq ou six insulaires[1], arrive conduisant une dame et la suivante, et ils accourent à* IPHICRATE *qu'ils voient l'épée à la main,* ARLEQUIN.

TRIVELIN, *faisant saisir et désarmer Iphicrate par ses gens.* Arrêtez, que voulez-vous faire ?

IPHICRATE. Punir l'insolence de mon esclave.

TRIVELIN. Votre esclave ? vous vous trompez, et l'on vous apprendra à corriger vos termes. *(Il prend l'épée d'Iphicrate et la donne à Arlequin.)* Prenez cette épée, mon camarade ; elle est à vous.

ARLEQUIN. Que le ciel vous tienne gaillard[2], brave camarade que vous êtes !

TRIVELIN. Comment vous appelez-vous ?

ARLEQUIN. Est-ce mon nom que vous demandez ?

TRIVELIN. Oui vraiment.

ARLEQUIN. Je n'en ai point, mon camarade.

TRIVELIN. Quoi donc, vous n'en avez pas ?

ARLEQUIN. Non, mon camarade ; je n'ai que des sobriquets[3] qu'il m'a donnés ; il m'appelle quelquefois Arlequin, quelquefois Hé.

TRIVELIN. Hé ! le terme est sans façon[4] ; je reconnais ces messieurs à de pareilles licences[5]. Et lui, comment s'appelle-t-il ?

---

1. **Insulaires :** habitants d'une île.
2. **Gaillard :** vigoureux.
3. **Sobriquets :** surnoms moqueurs et péjoratifs.
4. **Sans façon :** sans prétention.
5. **Licences :** manque de respect des règles.

Scène 2

ARLEQUIN. Oh, diantre ! il s'appelle par un nom, lui ; c'est le seigneur Iphicrate.

TRIVELIN. Eh bien ! changez de nom à présent ; soyez le seigneur Iphicrate à votre tour ; et vous, Iphicrate, appelez-vous Arlequin, ou bien Hé.

ARLEQUIN, *sautant de joie, à son maître.* Oh ! Oh ! que nous allons rire, Seigneur Hé !

TRIVELIN, *à Arlequin.* Souvenez-vous en prenant son nom, mon cher ami, qu'on vous le donne bien moins pour réjouir votre vanité, que pour le corriger de son orgueil.

ARLEQUIN. Oui, oui, corrigeons, corrigeons !

TRIVELIN, *regardant Arlequin.* Maraud[1] !

ARLEQUIN. Parlez donc, mon bon ami ; voilà encore une licence qui lui prend ; cela est-il du jeu ?

TRIVELIN, *à Arlequin.* Dans ce moment-ci, il peut vous dire tout ce qu'il voudra. *(À Iphicrate.)* Arlequin, votre aventure vous afflige, et vous êtes outré contre Iphicrate et contre nous. Ne vous gênez point, soulagez-vous par l'emportement le plus vif ; traitez-le de misérable, et nous aussi ; tout vous est permis à présent ; mais ce moment-ci passé, n'oubliez pas que vous êtes Arlequin, que voici Iphicrate, et que vous êtes auprès de lui ce qu'il était auprès de vous ; ce sont là nos lois, et ma charge dans la république est de les faire observer en ce canton-ci[2].

ARLEQUIN. Ah ! la belle charge[3] !

IPHICRATE. Moi, l'esclave de ce misérable !

TRIVELIN. Il a bien été le vôtre.

ARLEQUIN. Hélas ! il n'a qu'à être bien obéissant, j'aurai mille bontés pour lui.

---

1. **Maraud :** vaurien, coquin.
2. **Canton :** division administrative.
3. **Charge :** emploi.

Scène 2

IPHICRATE. Vous me donnez la liberté de lui dire ce qu'il me plaira ; ce n'est pas assez : qu'on m'accorde encore un bâton.

ARLEQUIN. Camarade, il demande à parler à mon dos, je le mets sous la protection de la république, au moins.

TRIVELIN. Ne craignez rien.

CLÉANTHIS, *à Trivelin.* Monsieur, je suis esclave aussi, moi, et du même vaisseau ; ne m'oubliez pas, s'il vous plaît.

TRIVELIN. Non, ma belle enfant ; j'ai bien connu[1] votre condition à votre habit, et j'allais vous parler de ce qui vous regarde, quand je l'ai vu l'épée à la main. Laissez-moi achever ce que j'avais à dire. Arlequin !

ARLEQUIN, *croyant qu'on l'appelle.* Eh !... À propos, je m'appelle Iphicrate.

TRIVELIN, *continuant.* Tâchez de vous calmer ; vous savez qui nous sommes, sans doute ?

ARLEQUIN. Oh ! morbleu ! d'aimables gens.

CLÉANTHIS. Et raisonnables.

TRIVELIN. Ne m'interrompez point, mes enfants. Je pense donc que vous savez qui nous sommes. Quand nos pères[2], irrités de la cruauté de leurs maîtres, quittèrent la Grèce et vinrent s'établir ici dans le ressentiment[3] des outrages qu'ils avaient reçus de leurs patrons, la première loi qu'ils y firent fut d'ôter la vie à tous les maîtres que le hasard ou le naufrage conduirait dans leur île, et conséquemment de rendre la liberté à tous les esclaves ; la vengeance avait dicté cette loi ; vingt ans après, la raison l'abolit, et en dicta une plus douce. Nous ne nous vengeons plus de vous, nous vous corrigeons ; ce n'est plus votre vie que

---

1. **Connu :** reconnu.
2. **Nos pères :** nos ancêtres.
3. **Ressentiment :** souvenir douloureux.

Scène 2

nous poursuivons, c'est la barbarie de vos cœurs que nous voulons détruire ; nous vous jetons dans l'esclavage pour vous rendre sensibles aux maux qu'on y éprouve ; nous vous humilions, afin que, nous trouvant superbes[1], vous vous reprochiez de l'avoir été. Votre esclavage, ou plutôt votre cours d'humanité, dure trois ans, au bout desquels on vous renvoie si vos maîtres sont contents de vos progrès ; et, si vous ne devenez pas meilleurs, nous vous retenons par charité pour les nouveaux malheureux que vous iriez faire encore ailleurs, et, par bonté pour vous, nous vous marions avec une de nos citoyennes. Ce sont là nos lois à cet égard, mettez à profit leur rigueur salutaire[2], remerciez le sort qui vous conduit ici ; il vous remet en nos mains durs, injustes et superbes ; vous voilà en mauvais état, nous entreprenons de vous guérir ; vous êtes moins nos esclaves que nos malades, et nous ne prenons que trois ans pour vous rendre sains, c'est-à-dire humains, raisonnables et généreux pour toute votre vie.

ARLEQUIN. Et le tout *gratis*, sans purgation[3] ni saignée[4]. Peut-on de la santé[5] à meilleur compte ?

TRIVELIN. Au reste, ne cherchez point à vous sauver de ces lieux, vous le tenteriez sans succès, et vous feriez votre fortune[6] plus mauvaise ; commencez votre nouveau régime de vie par la patience.

ARLEQUIN. Dès que c'est pour son bien, qu'y a-t-il à dire ?

---

1. **Superbes :** fiers, orgueilleux.
2. **Salutaire :** bénéfique.
3. **Purgation :** purge pour nettoyer l'intestin.
4. **Saignée :** la médecine de l'époque pratiquait l'épanchement de sang, censé extirper les mauvaises humeurs du sang.
5. **Peut-on de la santé :** peut-on avoir de la santé.
6. **Fortune :** ici, condition, état.

Scène 2

TRIVELIN, *aux esclaves.* Quant à vous, mes enfants, qui devenez libres et citoyens, Iphicrate habitera cette case avec le nouvel Arlequin, et cette belle fille demeurera dans l'autre ; vous aurez soin de changer d'habit ensemble, c'est l'ordre. *(À Arlequin.)* Passez maintenant dans une maison qui est à côté, où l'on vous donnera à manger si vous en avez besoin. Je vous apprends, au reste, que vous avez huit jours à vous réjouir du changement de votre état ; après quoi l'on vous donnera, comme à tout le monde, une occupation convenable. Allez, je vous attends ici. *(Aux insulaires.)* Qu'on les conduise. (Aux femmes.) Et vous autres, restez.

Arlequin, en s'en allant, fait de grandes révérences à Cléanthis.

Clefs d'analyse
Scène 2.

Compréhension

Informations
- Noter les nouveaux personnages et leur entrée en scène.
- Relever les informations distillées dans les trois grandes répliques de Trivelin.
- Expliquer pourquoi Arlequin et Iphicrate échangent leurs noms.

Registres
- Analyser la manière dont Arlequin interrompt Trivelin ; de quel procédé comique s'agit-il ?

Réflexion

Dramaturgie
- Analyser l'importance que Trivelin (et Marivaux derrière lui) accorde au langage, aux « termes ».
- Étudier le contraste entre la solennité des propos de Trivelin et les facéties d'Arlequin.
- Comparer la grande tirade de Trivelin et celle d'Arlequin à la fin de la scène précédente.

À retenir :
Trivelin, titulaire d'un pouvoir assez flou mais réel, donne des ordres et est obéi. La connotation théâtrale est évidente : changement de costumes (« vous aurez soin de changer d'habit ensemble, c'est l'ordre »), changement de nom, insistance sur le langage.
Le procédé relève d'une thématique baroque, celle du théâtre dans le théâtre : le spectateur assiste à une représentation au cours de laquelle les personnages deviennent à leur tour acteurs et incarnent d'autres personnages, sans vraiment écarter leur personnage premier. Il s'ensuit une mise en abyme qui procure un plaisir intellectuel au spectateur : il assiste à une expérience sans lui-même être mis en danger.

Synthèse Scènes 1 et 2

Comédie et utopie

Personnages

Une affaire d'hommes

Au cours des deux premières scènes, seuls les hommes interviennent ; Cléanthis ne prononce qu'une tirade, laquelle se clôt par « ne m'oubliez pas, s'il vous plaît ».

Arlequin est fidèle à son personnage. Gourmand, jouisseur, ses préoccupations le ramènent à la bouteille. Ses interventions burlesques font contraste avec le sérieux de ses partenaires. Marivaux joue sur cette caractéristique du personnage : Arlequin est un personnage immédiat qui dit aussitôt – et sans fioritures – ce qu'il pense. Du coup, lorsque ce personnage comique devient sérieux, ses paroles prennent un poids considérable, comme en scène 1 (« tu sauras mieux ce qu'il est permis de faire souffrir aux autres »). Mais sitôt que surgit la compagnie, en scène 2, Arlequin redevient bouffon. Certains traits, comme son sentimentalisme, seront développés par la suite.

Trivelin s'impose en scène 2 comme un personnage de pouvoir. Il porte un nom de *zanni*, c'est-à-dire de valet de comédie, mais personne ne le nomme, il n'a donc pas de nom pour le spectateur. Trivelin représente avant tout une fonction, a priori dépourvue de caractère propre. Il expose les règles de vie dans l'île des esclaves mais ne prend pas d'initiative : il rappelle qu'il obéit aux lois des pères. Sa supériorité s'exprime par l'ampleur de ses tirades et par l'usage régulier du mode impératif.

Iphicrate a été privé, par le naufrage, des attributs de sa force (épée, gourdin) ; il ne lui reste plus que le langage pour donner des ordres mais dès lors qu'Arlequin s'en moque, Iphicrate n'est plus rien. Loin d'écouter les appels à la raison de Trivelin, il réclame un bâton pour frapper Arlequin – c'est sa dernière réplique avant longtemps. Nous avons ici l'exemple d'un personnage proprement démoli par l'auteur. Il a suffi de quelques pages pour faire d'Iphicrate une baudruche dépourvue d'humanité.

Synthèse Scènes 1 et 2

Langage
Sérieux et bouffonnerie

Trivelin expose, longuement et dans le détail, les règles de la nouvelle société ; Arlequin réplique par une plaisanterie. Tout le système langagier de *L'Île des esclaves* est contenu dans ce procédé de la fin de la scène 2. Marivaux sent qu'il ne doit pas appesantir son propos ; il redoute la pure spéculation intellectuelle : un peu de fantaisie permettra de faire passer le message – car c'est bien d'un message qu'il s'agit. Nulle trace d'humour dans les discours de Trivelin : Arlequin va donc se charger de cette dimension nécessaire.

Société
L'utopie

Étymologiquement, une *utopie* est un lieu qui n'existe pas. Le philosophe anglais Thomas More a inventé cette *Utopie* (1516), lieu de perfection sociale, où chacun est à sa place dans une harmonie universelle.

La Renaissance d'abord, le XVIIIe siècle surtout, ont été friands de ces inventions. Sous prétexte d'exotisme, la description de systèmes politiques imaginaires permet de contourner la censure mais les questions sociales sont évoquées frontalement, comme ici la différence de condition.

La loi qu'expose Trivelin a subi des évolutions. Tout d'abord pure vengeance, elle a glissé vers la réparation, la « guérison ». Confiant dans la nature humaine, l'auteur explique que l'abus peut être corrigé. Trivelin explique donc le mécanisme d'une sorte de thérapie sociale, appliquée à des « malades ». La société n'est pas remise en question, les différences sociales non plus, seules comptent les qualités humaines : générosité, charité, raison. On note l'absence de tout pouvoir religieux : la religion cède à la raison.

Scène 3   TRIVELIN, CLÉANTHIS, *esclave,* EUPHROSINE, *sa maîtresse.*

TRIVELIN. Ah ça ! ma compatriote – car je regarde désormais notre île comme votre patrie –, dites-moi aussi votre nom.

CLÉANTHIS, *saluant.* Je m'appelle Cléanthis ; et elle, Euphrosine.

TRIVELIN. Cléanthis ? passe pour cela[1].

CLÉANTHIS. J'ai aussi des surnoms ; vous plaît-il de les savoir ?

TRIVELIN. Oui-da[2]. Et quels sont-ils ?

CLÉANTHIS. J'en ai une liste : Sotte, Ridicule, Bête, Butorde, Imbécile, *et cætera.*

EUPHROSINE, *en soupirant.* Impertinente que vous êtes !

CLÉANTHIS. Tenez, tenez, en voilà encore un que j'oubliais.

TRIVELIN. Effectivement, elle vous prend sur le fait. Dans votre pays, Euphrosine, on a bientôt[3] dit des injures à ceux à qui l'on en peut dire impunément[4].

EUPHROSINE. Hélas ! que voulez-vous que je lui réponde, dans l'étrange[5] aventure où je me trouve ?

CLÉANTHIS. Oh ! dame, il n'est plus si aisé de me répondre. Autrefois il n'y avait rien de si commode ; on n'avait affaire qu'à de pauvres gens : fallait-il tant de cérémonies ? « Faites cela, je le veux ; taisez-vous, sotte... » Voilà qui était fini. Mais à présent, il faut parler raison ; c'est un langage étranger pour Madame ; elle l'apprendra avec le

---

1. **Passe pour cela :** c'est acceptable.
2. **Oui-da :** certainement.
3. **Bientôt :** vite, rapidement.
4. **Impunément :** sans être puni.
5. **Étrange :** étonnante, scandaleuse.

Scène 3

temps ; il faut se donner patience : je ferai de mon mieux pour l'avancer[1].

TRIVELIN, *à Cléanthis.* Modérez-vous, Euphrosine. *(À Euphrosine.)* Et vous, Cléanthis, ne vous abandonnez point à votre douleur. Je ne puis changer nos lois ni vous en affranchir : je vous ai montré combien elles étaient louables et salutaires pour vous.

CLÉANTHIS. Hum ! Elle me trompera bien si elle s'amende.

TRIVELIN. Mais comme vous êtes d'un sexe naturellement assez faible, et que par là vous avez dû céder plus facilement qu'un homme aux exemples de hauteur, de mépris et de dureté qu'on vous a donnés chez vous contre leurs pareils, tout ce que je puis faire pour vous, c'est de prier Euphrosine de peser[2] avec bonté les torts que vous avez avec elle, afin de les peser avec justice.

CLÉANTHIS. Oh ! tenez, tout cela est trop savant pour moi, je n'y comprends rien ; j'irai le grand chemin[3], je pèserai comme elle pesait ; ce qui viendra, nous le prendrons.

TRIVELIN. Doucement, point de vengeance.

CLÉANTHIS. Mais, notre bon ami, au bout du compte, vous parlez de son sexe ; elle a le défaut d'être faible, je lui en offre autant ; je n'ai pas la vertu d'être forte. S'il faut que j'excuse toutes ses mauvaises manières à mon égard, il faudra donc qu'elle excuse aussi la rancune que j'en ai contre elle ; car je suis femme autant qu'elle, moi. Voyons, qui est-ce qui décidera ? Ne suis-je pas la maîtresse une fois[4] ? Eh bien, qu'elle commence toujours par excuser ma rancune ; et puis, moi, je lui pardonnerai, quand je pourrai, ce qu'elle m'a fait : qu'elle attende !

---

1. **Pour l'avancer :** pour qu'elle avance (sur le chemin de la guérison).
2. **Peser :** considérer, estimer.
3. **J'irai le grand chemin :** j'irai droit au but.
4. **Une fois :** une bonne fois pour toutes.

Scène 3

EUPHROSINE, *à Trivelin.* Quels discours ! Faut-il que vous m'exposiez à les entendre ?

CLÉANTHIS. Souffrez-les[1], Madame, c'est le fruit de vos œuvres.

TRIVELIN. Allons, Euphrosine, modérez-vous !

CLÉANTHIS. Que voulez-vous que je vous dise ? quand on a de la colère, il n'y a rien de tel pour la passer, que de la contenter un peu, voyez-vous ! Quand je l'aurai querellée à mon aise une douzaine de fois seulement, elle en sera quitte ; mais il me faut cela.

TRIVELIN, *à part, à Euphrosine.* Il faut que ceci ait son cours ; mais consolez-vous, cela finira plus tôt que vous ne pensez. *(À Cléanthis.)* J'espère, Euphrosine, que vous perdrez votre ressentiment, et je vous y exhorte[2] en ami. Venons maintenant à l'examen de son caractère : il est nécessaire que vous m'en donniez un portrait, qui se doit faire devant la personne qu'on peint, qu'elle se connaisse, qu'elle rougisse de ses ridicules, si elle en a, et qu'elle se corrige. Nous avons là de bonnes intentions, comme vous voyez. Allons, commençons.

CLÉANTHIS. Oh ! que cela est bien inventé ! Allons, me voilà prête ; interrogez-moi, je suis dans mon fort[3].

EUPHROSINE, *doucement.* Je vous prie, Monsieur, que je me retire, et que je n'entende point ce qu'elle va dire.

TRIVELIN. Hélas ! ma chère dame, cela n'est fait que pour vous ; il faut que vous soyez présente.

CLÉANTHIS. Restez, restez ; un peu de honte est bientôt passé.

---

1. **Souffrez-les :** supportez-les.
2. **Exhorte :** invite, conseille fortement.
3. **Mon fort :** domaine où je suis le plus à l'aise.

Scène 3

TRIVELIN. Vaine[1], minaudière[2] et coquette, voilà d'abord à peu près sur quoi je vais vous interroger au hasard. Cela la regarde-t-il ?

CLÉANTHIS. Vaine, minaudière et coquette, si cela la regarde ? Eh ! voilà ma chère maîtresse ; cela lui ressemble comme son visage.

EUPHROSINE. N'en voilà-t-il pas assez, Monsieur ?

TRIVELIN. Ah ! je vous félicite du petit embarras que cela vous donne ; vous sentez, c'est bon signe, et j'en augure bien pour l'avenir : mais ce ne sont encore là que les grands traits ; détaillons un peu cela. En quoi donc, par exemple, lui trouvez-vous les défauts dont nous parlons ?

CLÉANTHIS. En quoi ? partout, à toute heure, en tous lieux ; je vous ai dit de m'interroger ; mais par où commencer ? je n'en sais rien, et je m'y perds. Il y a tant de choses, j'en ai tant vu, tant remarqué de toutes les espèces, que cela me brouille[3]. Madame se tait, Madame parle ; elle regarde, elle est triste, elle est gaie : silence, discours, regards, tristesse et joie, c'est tout un, il n'y a que la couleur de différente ; c'est vanité muette, contente ou fâchée ; c'est coquetterie babillarde[4], jalouse ou curieuse ; c'est Madame, toujours vaine ou coquette, l'un après l'autre, ou tous les deux à la fois : voilà ce que c'est, voilà par où je débute ; rien que cela.

EUPHROSINE. Je n'y saurais tenir[5].

TRIVELIN. Attendez donc, ce n'est qu'un début.

CLÉANTHIS. Madame se lève ; a-t-elle bien dormi, le sommeil l'a-t-il rendue belle, se sent-elle du vif, du sémillant[6]

---

1. **Vaine :** vaniteuse.
2. **Minaudière :** qui fait des manières.
3. **Cela me brouille :** cela m'embrouille.
4. **Babillarde :** bavarde.
5. **Je n'y saurais tenir :** je ne peux pas le supporter.
6. **Sémillant :** pétillant.

Scène 3

dans les yeux ? vite, sur les armes[1] ; la journée sera glorieuse. « Qu'on m'habille ! » Madame verra du monde aujourd'hui ; elle ira aux spectacles, aux promenades, aux assemblées[2] ; son visage peut se manifester, peut soutenir[3] le grand jour, il fera plaisir à voir, il n'y a qu'à le promener hardiment, il est en état, il n'y a rien à craindre.

TRIVELIN, *à Euphrosine*. Elle développe assez bien cela.

CLÉANTHIS. Madame, au contraire, a-t-elle mal reposé ? « Ah ! qu'on m'apporte un miroir ; comme me voilà faite ! que je suis mal bâtie[4] ! » Cependant on se mire[5], on éprouve son visage de toutes les façons, rien ne réussit ; des yeux battus, un teint fatigué ; voilà qui est fini, il faut envelopper ce visage-là, nous n'aurons que du négligé[6], Madame ne verra personne aujourd'hui, pas même le jour, si elle peut ; du moins fera-t-il sombre dans la chambre. Cependant, il vient compagnie[7], on entre : que va-t-on penser du visage de Madame ? on croira qu'elle enlaidit : donnera-t-elle ce plaisir-là à ses bonnes amies ? Non, il y a remède à tout : vous allez voir. « Comment vous portez-vous, Madame ? Très mal, Madame ; j'ai perdu le sommeil ; il y a huit jours que je n'ai fermé l'œil ; je n'ose pas me montrer, je fais peur. » Et cela veut dire : Messieurs, figurez-vous que ce n'est point moi, au moins ; ne me regardez pas, remettez à me voir[8] ; ne me jugez pas aujourd'hui ; attendez que j'aie dormi. J'entendais[9] tout cela, car nous autres esclaves, nous sommes doués contre

---

1. **Sur les armes :** aux armes.
2. **Assemblées :** réunions mondaines.
3. **Soutenir :** supporter.
4. **Je suis mal bâtie :** j'ai mauvaise mine.
5. **On se mire :** on s'observe dans un miroir.
6. **Négligé :** sans apprêt, au naturel.
7. **Il vient compagnie :** il vient de la visite.
8. **Remettez à me voir :** venez me voir plus tard.
9. **J'entendais :** je comprenais.

Scène 3

nos maîtres d'une pénétration[1]... ! Oh ! ce sont de pauvres gens pour nous.

TRIVELIN, *à Euphrosine.* Courage, Madame ; profitez de cette peinture-là, car elle me paraît fidèle.

EUPHROSINE. Je ne sais où j'en suis.

CLÉANTHIS. Vous en êtes aux deux tiers ; et j'achèverai, pourvu que cela ne vous ennuie pas.

TRIVELIN. Achevez, achevez ; Madame soutiendra[2] bien le reste.

CLÉANTHIS. Vous souvenez-vous d'un soir où vous étiez avec ce cavalier si bien fait[3] ? J'étais dans la chambre ; vous vous entreteniez bas[4] ; mais j'ai l'oreille fine : vous vouliez lui plaire sans faire semblant de rien ; vous parliez d'une femme qu'il voyait souvent. « Cette femme-là est aimable[5], disiez-vous ; elle a les yeux petits, mais très doux » ; et là-dessus vous ouvriez les vôtres, vous vous donniez des tons, des gestes de tête, de petites contorsions, des vivacités. Je riais. Vous réussîtes pourtant, le cavalier s'y prit[6] ; il vous offrit son cœur. « À moi ? lui dîtes-vous. - Oui, Madame, à vous-même, à tout ce qu'il y a de plus aimable au monde. - Continuez, folâtre[7], continuez », dîtes-vous, en ôtant vos gants sous prétexte de m'en demander d'autres. Mais vous avez la main belle ; il la vit, il la prit, il la baisa ; cela anima sa déclaration ; et c'était là les gants que vous demandiez. Eh bien ! y suis-je ?

TRIVELIN, *à Euphrosine.* En vérité, elle a raison.

---

1. **Pénétration :** lucidité, finesse d'observation.
2. **Soutiendra :** supportera.
3. **Si bien fait :** si beau garçon.
4. **Bas :** à voix basse.
5. **Aimable :** digne d'être aimée.
6. **S'y prit :** s'y laissa prendre.
7. **Folâtre :** gentil fou.

Scène 3

CLÉANTHIS. Écoutez, écoutez, voici le plus plaisant. Un jour qu'elle pouvait m'entendre, et qu'elle croyait que je ne m'en doutais pas, je parlais d'elle, et je dis : « Oh ! pour cela il faut l'avouer, Madame est une des plus belles femmes du monde. » Que de bontés, pendant huit jours, ce petit mot-là ne me valut-il pas ! J'essayai en pareille occasion de dire que Madame était une femme très raisonnable : oh ! je n'eus rien, cela ne prit point, et c'était bien fait, car je la flattais.

EUPHROSINE. Monsieur, je ne resterai point, ou l'on me fera rester par force ; je ne puis en souffrir[1] davantage.

TRIVELIN. En voilà donc assez pour à présent.

CLÉANTHIS. J'allais parler des vapeurs de mignardises[2] auxquelles Madame est sujette à la moindre odeur. Elle ne sait pas qu'un jour je mis à son insu des fleurs dans la ruelle[3] de son lit pour voir ce qu'il en serait. J'attendais une vapeur, elle est encore à venir. Le lendemain, en compagnie[4], une rose parut ; crac ! la vapeur arrive.

TRIVELIN. Cela suffit, Euphrosine ; promenez-vous un moment à quelques pas de nous, parce que j'ai quelque chose à lui dire ; elle ira vous rejoindre ensuite.

CLÉANTHIS, *s'en allant.* Recommandez-lui d'être docile au moins. Adieu, notre bon ami ; je vous ai diverti, j'en suis bien aise. Une autre fois je vous dirai comme quoi[5] Madame s'abstient souvent de mettre de beaux habits, pour en mettre un négligé qui lui marque tendrement la taille. C'est encore une finesse[6] que cet habit-là ; on dirait qu'une femme qui le met ne se soucie pas de paraître,

---

1. **Souffrir** : supporter.
2. **Vapeurs de mignardises** : évanouissements affectés.
3. **Ruelle** : espace entre le lit et le mur.
4. **En compagnie** : en présence de société.
5. **Comme quoi** : de quelle façon.
6. **Finesse** : ruse.

mais à d'autres ! on s'y ramasse[1] dans un corset appétissant, on y montre sa bonne façon[2] naturelle ; on y dit aux gens : « Regardez mes grâces, elles sont à moi, celles-là » ; et d'un autre côté on veut leur dire aussi : « Voyez comme je m'habille, quelle simplicité ! il n'y a point de coquetterie dans mon fait. »

TRIVELIN. Mais je vous ai priée de nous laisser.

CLÉANTHIS. Je sors, et tantôt nous reprendrons le discours, qui sera fort divertissant ; car vous verrez aussi comme quoi Madame entre dans une loge au spectacle, avec quelle emphase[3], avec quel air imposant, quoique d'un air distrait et sans y penser ; car c'est la belle éducation qui donne cet orgueil-là. Vous verrez comme dans la loge on y jette un regard indifférent et dédaigneux sur des femmes qui sont à côté, et qu'on ne connaît pas[4]. Bonjour[5], notre bon ami, je vais à notre auberge.

Scène 4 TRIVELIN, EUPHROSINE.

TRIVELIN. Cette scène-ci vous a un peu fatiguée[6] ; mais cela ne vous nuira pas.

EUPHROSINE. Vous êtes des barbares.

TRIVELIN. Nous sommes d'honnêtes gens qui vous instruisons ; voilà tout. Il vous reste encore à satisfaire à une formalité.

---

1. **On s'y ramasse :** on se serre la taille (pour paraître mince).
2. **Bonne façon :** apparence, beauté.
3. **Emphase :** attitude arrogante.
4. **Qu'on ne connaît pas :** qu'on feint de ne pas reconnaître.
5. **Bonjour :** ici, façon de dire au revoir.
6. **Fatiguée :** déplu.

Scène 4

EUPHROSINE. Encore des formalités !

TRIVELIN. Celle-ci est moins que rien ; je dois faire rapport de tout ce que je viens d'entendre, et de tout ce que vous m'allez répondre. Convenez-vous de tous les sentiments coquets, de toutes les singeries d'amour-propre qu'elle vient de vous attribuer ?

EUPHROSINE. Moi, j'en conviendrais ! Quoi ! de pareilles faussetés sont-elles croyables !

TRIVELIN. Oh ! très croyables, prenez-y garde. Si vous en convenez, cela contribuera à rendre votre condition meilleure ; je ne vous en dis pas davantage… On espérera que, vous étant reconnue, vous abjurerez[1] un jour toutes ces folies qui font qu'on n'aime que soi, et qui ont distrait votre bon cœur d'une infinité d'attentions plus louables. Si au contraire vous ne convenez pas de ce qu'elle a dit, on vous regardera comme incorrigible, et cela reculera votre délivrance. Voyez, consultez-vous.

EUPHROSINE. Ma délivrance ! Eh ! puis-je l'espérer ?

TRIVELIN. Oui, je vous la garantis aux conditions que je vous dis.

EUPHROSINE. Bientôt ?

TRIVELIN. Sans doute.

EUPHROSINE. Monsieur, faites donc comme si j'étais convenue de tout[2].

TRIVELIN. Quoi ! vous me conseillez de mentir !

EUPHROSINE. En vérité, voilà d'étranges conditions ! cela révolte !

TRIVELIN. Elles humilient un peu ; mais cela est fort bon. Déterminez-vous ; une liberté très prochaine est le prix de la vérité. Allons, ne ressemblez-vous pas au portrait qu'on a fait ?

---

1. **Abjurerez :** renoncerez à.
2. **Convenue de tout :** d'accord avec tout.

Scène 4

EUPHROSINE. Mais…

TRIVELIN. Quoi ?

EUPHROSINE. Il y a du vrai, par-ci, par-là.

TRIVELIN. Par-ci, par-là, n'est point notre compte ; avouez-vous tous les faits ? En a-t-elle trop dit ? N'a-t-elle dit que ce qu'il faut ? Hâtez-vous ; j'ai autre chose à faire.

EUPHROSINE. Vous faut-il une réponse si exacte ?

TRIVELIN. Eh ! oui, Madame, et le tout pour votre bien.

EUPHROSINE. Eh bien…

TRIVELIN. Après ?

EUPHROSINE. Je suis jeune…

TRIVELIN. Je ne vous demande pas votre âge.

EUPHROSINE. On est d'un certain rang ; on aime à plaire.

TRIVELIN. Et c'est ce qui fait que le portrait vous ressemble.

EUPHROSINE. Je crois que oui.

TRIVELIN. Eh ! voilà ce qu'il nous fallait. Vous trouvez aussi le portrait un peu risible, n'est-ce pas ?

EUPHROSINE. Il faut bien l'avouer.

TRIVELIN. À merveille ! Je suis content, ma chère dame. Allez rejoindre Cléanthis : je lui rends déjà son véritable nom, pour vous donner encore des gages de ma parole. Ne vous impatientez point ; montrez un peu de docilité, et le moment espéré arrivera.

EUPHROSINE. Je m'en fie à vous[1].

---

1. **Je m'en fie à vous :** je vous fais confiance.

Scène 5

Scène 5 ARLEQUIN, IPHICRATE, *qui ont changé d'habits,* TRIVELIN.

ARLEQUIN. Tirlan, tirlan, tirlantaine ! tirlanton ! Gai, camarade ! le vin de la république est merveilleux. J'en ai bu bravement ma pinte[1] car je suis si altéré depuis que je suis maître, que tantôt j'aurai encore soif pour pinte. Que le ciel conserve la vigne, le vigneron, la vendange et les caves de notre admirable république !

TRIVELIN. Bon ! réjouissez-vous, mon camarade. Êtes-vous content d'Arlequin ?

ARLEQUIN. Oui, C'est un bon enfant ; j'en ferai quelque chose. Il soupire parfois, et je lui ai défendu cela sous peine de désobéissance, et lui ordonne de la joie. *(Il prend son maître par la main et danse.)* Tala rara la la...

TRIVELIN. Vous me réjouissez moi-même.

ARLEQUIN. Oh ! quand je suis gai, je suis de bonne humeur.

TRIVELIN. Fort bien. Je suis charmé de vous voir satisfait d'Arlequin. Vous n'aviez pas beaucoup à vous plaindre de lui dans son pays apparemment ?

ARLEQUIN. Eh ! là-bas ? Je lui voulais souvent un mal de diable ; car il était quelquefois insupportable ; mais à cette heure que je suis heureux, tout est payé ; je lui ai donné quittance[2].

TRIVELIN. Je vous aime de ce caractère et vous me touchez. C'est-à-dire que vous jouirez modestement de votre bonne fortune, et que vous ne lui ferez point de peine[3] ?

---

1. **Pinte :** mesure valant environ un litre.
2. **Quittance :** document qui prouve qu'on a payé sa dette.
3. **Peine :** mal (sens fort).

Scène 5

ARLEQUIN. De la peine ! Ah ! le pauvre homme ! Peut-être que je serai un petit brin insolent, à cause que je suis le maître : voilà tout.

TRIVELIN. À cause que je suis le maître ; vous avez raison.

ARLEQUIN. Oui ; car quand on est le maître, on y va tout rondement, sans façon, et si peu de façon mène quelquefois un honnête homme à des impertinences.

TRIVELIN. Oh ! n'importe ; je vois bien que vous n'êtes point méchant.

ARLEQUIN. Hélas ! je ne suis que mutin[1].

TRIVELIN, *à Iphicrate.* Ne vous épouvantez point de ce que je vais dire. *(À Arlequin.)* Instruisez-moi d'une chose. Comment se gouvernait-il[2] là-bas ? avait-il quelque défaut d'humeur, de caractère ?

ARLEQUIN, *riant.* Ah ! mon camarade, vous avez de la malice, vous demandez la comédie.

TRIVELIN. Ce caractère-là est donc bien plaisant ?

ARLEQUIN. Ma foi, c'est une farce.

TRIVELIN. N'importe, nous en rirons.

ARLEQUIN, *à Iphicrate.* Arlequin, me promets-tu d'en rire aussi ?

IPHICRATE, *bas.* Veux-tu achever de me désespérer ? que vas-tu lui dire ?

ARLEQUIN. Laisse-moi faire ; quand je t'aurai offensé, je te demanderai pardon après.

TRIVELIN. Il ne s'agit que d'une bagatelle ; j'en ai demandé autant à la jeune fille que vous avez vue, sur le chapitre[3] de sa maîtresse.

---

1. **Mutin** : entêté.
2. **Se gouvernait-il** : se conduisait-il.
3. **Sur le chapitre** : au sujet.

Scène 5

ARLEQUIN. Eh bien, tout ce qu'elle vous a dit, c'était des folies qui faisaient pitié, des misères ? gageons[1].

TRIVELIN. Cela est encore vrai.

ARLEQUIN. Eh bien, je vous en offre autant ; ce pauvre jeune garçon n'en fournira pas davantage ; extravagance et misère, voilà son paquet[2] ; n'est-ce pas là de belles guenilles pour les étaler ? Étourdi par nature, étourdi par singerie, parce que les femmes les aiment comme cela, un dissipe-tout[3] ; vilain[4] quand il faut être libéral[5], libéral quand il faut être vilain ; bon emprunteur, mauvais payeur ; honteux d'être sage, glorieux[6] d'être fou ; un petit brin moqueur des bonnes gens ; un petit brin hâbleur[7] : avec tout plein de maîtresses qu'il ne connaît pas ; voilà mon homme. Est-ce la peine d'en tirer le portrait ? *(À Iphicrate.)* Non, je n'en ferai rien, mon ami, ne crains rien.

TRIVELIN. Cette ébauche me suffit. *(À Iphicrate.)* Vous n'avez plus maintenant qu'à certifier pour véritable ce qu'il vient de dire.

IPHICRATE. Moi ?

TRIVELIN. Vous-même ; la dame de tantôt en a fait autant ; elle vous dira ce qui l'y a déterminée. Croyez-moi, il y va du plus grand bien que vous puissiez souhaiter.

IPHICRATE. Du plus grand bien ? Si cela est, il y a là quelque chose qui pourrait assez me convenir d'une certaine façon.

ARLEQUIN. Prends tout ; c'est un habit fait sur ta taille.

---

1. **Gageons :** parions.
2. **Voilà son paquet :** voilà ce qui le concerne.
3. **Dissipe-tout :** dépensier.
4. **Vilain :** avare.
5. **Libéral :** généreux.
6. **Glorieux :** fier.
7. **Hâbleur :** vantard.

Scène 5

TRIVELIN. Il me faut tout ou rien.

IPHICRATE. Voulez-vous que je m'avoue un ridicule[1] ?

ARLEQUIN. Qu'importe, quand on l'a été ?

TRIVELIN. N'avez-vous que cela à me dire ?

IPHICRATE. Va donc pour la moitié, pour me tirer d'affaire.

TRIVELIN. Va du tout.

IPHICRATE. Soit.
Arlequin rit de toute sa force.

TRIVELIN. Vous avez fort bien fait, vous n'y perdrez rien. Adieu, vous saurez bientôt de mes nouvelles.

---

1. **Que je m'avoue un ridicule :** que j'avoue que je suis un ridicule personnage.

Clefs d'analyse
Scènes 3 à 5.

Compréhension

Énonciations et explications

- Relever les passages du discours direct au discours indirect dans les tirades de Cléanthis (scène 3).
- Observer l'importance des adjectifs dans le portrait dressé par Arlequin (scène 5).

Structure

- À la scène 3, analyser la fonction des répliques d'Euphrosine.
- Étudier le mode sur lequel Trivelin intervient dans la relance de Cléanthis.
- Relever la manière dont Trivelin fait « avouer » Euphrosine. Expliquer en quoi cette scène 4 préfigure le dénouement.

Réflexion

Dramaturgie

- Analyser les symétries entre les portraits des deux maîtres par les deux serviteurs.
- Expliquer comment Marivaux dessine également les deux serviteurs à travers les portraits qu'ils font de leurs maîtres.
- Étudier les préjugés sur la femme dans les remarques de Trivelin (scènes 3 et 4).

À retenir :

Le portrait au théâtre s'inscrit dans la veine satirique, pratiquée depuis les auteurs latins et revivifiée par Molière. Depuis longtemps, précieuses ou petits marquis sont des personnages récurrents. La scène du Misanthrope *(1666) qui montre Célimène décrire avec férocité ses amis absents est un morceau de bravoure, dont les acteurs sont friands : ils provoquent les rires par la précision du trait d'esprit. Marivaux a déjà une longue carrière de journaliste lorsqu'il débute au théâtre en 1720. Il a publié de nombreux « caractères » dans les* Lettres sur les habitants de Paris *(1718). De cette expérience, il a gardé le goût de l'observation et de la formule qui fait mouche.*

Synthèse Scènes 3 à 5

Les portraits

Personnages

La première épreuve

Ces trois scènes dessinent fortement les cinq personnages de la pièce. Au cours des scènes de « portraits », narrateurs et portraiturés se dévoilent.

Cléanthis se taille la part du lion. Absente ou quasi muette jusque-là, elle se rattrape par une vivacité babillarde qui touche au bavardage et saoule Trivelin. La comédienne Silvia, créatrice du rôle, obtint un triomphe dans cette scène 3. Alternant description, discours directs et indirects, mimiques surjouées, la richesse du portrait étourdit. Avec ses fausses sorties, Marivaux inaugure le comique de répétition.

La présence d'Euphrosine est réduite au strict minimum. Trivelin lui arrache les rares mots qu'elle prononce. C'est qu'Euphrosine n'existe qu'en représentation : victime de sa beauté et de son rang social, tous ses actes sont conditionnés. Trivelin la traite véritablement en malade. Elle est celle à qui s'adresse le plus les termes de « cure » et de « guérison ».

Trivelin est désormais en action ; il n'est plus seulement le pédagogue chargé d'enseigner les lois de l'île. Il donne des ordres qui s'apparentent à des conseils, il pousse Cléanthis et tente ensuite de la freiner. Le personnage est donc devenu un praticien et non seulement un théoricien. Il faut noter que Trivelin s'adapte au comportement de ses interlocuteurs : il ne s'adresse pas de la même façon à Euphrosine (respect mêlé de condescendance), à Cléanthis et Arlequin (camaraderie un peu factice) et à Iphicrate (une certaine brutalité). Trivelin est de façon évidente le metteur en scène sur le plateau, un donneur d'ordre qui est aussi donneur de sens.

Iphicrate, versant mâle d'Euphrosine, a perdu de sa superbe. Il n'a que six répliques, très courtes, ce qui achève sa défaite : il est également vaincu sur le terrain de la parole.

Synthèse Scènes 3 à 5

Arlequin est à l'image de son personnage éternel. Il se réjouit de sa nouvelle position qui lui permet de satisfaire ses désirs essentiels : ceux du ventre. En ordonnant « de la joie » à Iphicrate, Arlequin incarne la puissance comique pure, le génie de la farce, qui paraît parfois décalé dans une fable humaniste. Arlequin évite ainsi à la pièce de glisser dans la pure spéculation : il revendique haut et fort le divertissement. Il est, du coup, le personnage le plus riche et le plus ambigu (et de loin le plus présent) de la pièce. Ses boutades (« quand je t'aurai offensé, je te demanderai pardon après ») donnent à réfléchir.

Langage

L'universalisme de la langue

« Vous n'êtes point méchant. – Hélas ! je ne suis que mutin. » Cet échange entre Trivelin et Arlequin rappelle que la richesse langagière chez Marivaux est répartie chez tous les personnages, qui se comprennent toujours parfaitement, sans ambiguïté, quelles que soient les différences sociales. Cet universalisme du langage dépasse les quelques singularités, comme les balourdises d'Arlequin : Cléanthis s'exprime parfois comme une femme « de condition » et ses descriptions évoquent très fortement les narrations que Marivaux faisait paraître dans ses journaux. Elle n'emploie pas un mot pour un autre et ne fait pas de fautes de grammaire.

Les débats sur les mots sont donc des questionnements plus profonds que la simple compréhension : il s'agit de bien définir une pensée, un sentiment, de trouver le mot *juste*. En cela, les joutes oratoires dans *L'Île des esclaves* font partie de la « thérapie » au même titre que les changements de costumes : Iphicrate doit certifier la justesse des épithètes données par Arlequin ; l'acceptation (par Euphrosine et Iphicrate) des reproches, ce simple « oui » qui leur est demandé, ont une valeur énorme, celle d'une *adhésion*. Mais le « oui » est ici extorqué par Trivelin, sous pression ; il faudra encore quelques scènes pour que l'adhésion soit pleine et entière.

Scène 6

Scène 6 Cléanthis, Iphicrate, Arlequin, Euphrosine.

Cléanthis. Seigneur Iphicrate, peut-on vous demander de quoi vous riez ?

Arlequin. Je ris de mon Arlequin qui a confessé qu'il était un ridicule.

Cléanthis. Cela me surprend, car il a la mine d'un homme raisonnable. Si vous voulez voir une coquette de son propre aveu, regardez ma suivante.

Arlequin, *la regardant.* Malepeste ! Quand ce visage-là fait le fripon[1], c'est bien son métier. Mais parlons d'autres choses, ma belle demoiselle ; qu'est-ce que nous ferons à cette heure que nous sommes gaillards[2] ?

Cléanthis. Eh ! mais, la belle conversation.

Arlequin. Je crains que cela ne vous fasse bâiller, j'en bâille déjà. Si je devenais amoureux de vous, cela amuserait davantage.

Cléanthis. Eh bien, faites. Soupirez pour moi ; poursuivez mon cœur, prenez-le si vous le pouvez, je ne vous en empêche pas ; c'est à vous à faire vos diligences[3] ; me voilà, je vous attends ; mais traitons l'amour à la grande manière, puisque nous sommes devenus maîtres ; allons-y poliment[4], et comme le grand monde.

Arlequin. Oui-da ; nous n'en irons que meilleur train[5].

---

1. **Fripon :** aguicheur.
2. **Gaillards :** en pleine forme.
3. **Faire vos diligences :** se donner du mal.
4. **Poliment :** de manière raffinée.
5. **Nous n'en irons que meilleur train :** nous irons plus vite.

Scène 6

CLÉANTHIS. Je suis d'avis d'une chose, que nous disions qu'on nous apporte des sièges pour prendre l'air assis, et pour écouter les discours galants que vous m'allez tenir ; il faut bien jouir[1] de notre état, en goûter le plaisir.

ARLEQUIN. Votre volonté vaut une ordonnance[2]. *(À Iphicrate.)* Arlequin, vite des sièges pour moi, et des fauteuils pour Madame.

IPHICRATE. Peux-tu m'employer à cela ?

ARLEQUIN. La république le veut.

CLÉANTHIS. Tenez, tenez, promenons-nous plutôt de cette manière-là, et tout en conversant vous ferez adroitement tomber l'entretien sur le penchant que mes yeux vous ont inspiré pour moi. Car encore une fois nous sommes d'honnêtes gens[3] à cette heure, il faut songer à cela ; il n'est plus question de familiarité domestique. Allons, procédons noblement, n'épargnez ni compliments ni révérences.

ARLEQUIN. Et vous, n'épargnez point les mines[4]. Courage ! quand ce ne serait que pour nous moquer de nos patrons. Garderons-nous nos gens ?

CLÉANTHIS. Sans difficulté ; pouvons-nous être sans eux ? c'est notre suite[5], qu'ils s'éloignent seulement.

ARLEQUIN, *à Iphicrate.* Qu'on se retire à dix pas.

Iphicrate et Euphrosine s'éloignent en faisant des gestes d'étonnement et de douleur. Cléanthis regarde aller Iphicrate, et Arlequin, Euphrosine.

ARLEQUIN, *se promenant sur le théâtre avec Cléanthis.* Remarquez-vous, Madame, la clarté du jour ?

---

1. **Jouir :** profiter.
2. **Ordonnance :** décret officiel.
3. **Honnêtes gens :** personnes de situation sociale supérieure.
4. **Mines :** manières affectées.
5. **Notre suite :** notre domesticité.

Scène 6

CLÉANTHIS. Il fait le plus beau temps du monde ; on appelle cela un jour tendre.

ARLEQUIN. Un jour tendre ? Je ressemble donc au jour, Madame.

CLÉANTHIS. Comment ! vous lui ressemblez ?

ARLEQUIN. Eh palsambleu ! le moyen de n'être pas tendre, quand on se trouve tête à tête avec vos grâces ? *(À ce mot il saute de joie.)* Oh ! oh ! oh ! oh !

CLÉANTHIS. Qu'avez-vous donc ? vous défigurez notre conversation.

ARLEQUIN. Oh ! ce n'est rien : c'est que je m'applaudis.

CLÉANTHIS. Rayez ces applaudissements, ils nous dérangent. *(Continuant.)* Je savais bien que mes grâces entreraient pour quelque chose ici. Monsieur, vous êtes galant ; vous vous promenez avec moi, vous me dites des douceurs ; mais finissons, en voilà assez, je vous dispense des compliments.

ARLEQUIN. Et moi, je vous remercie de vos dispenses.

CLÉANTHIS. Vous m'allez dire que vous m'aimez, je le vois bien ; dites, Monsieur, dites ; heureusement on n'en croira rien. Vous êtes aimable, mais coquet[1], et vous ne persuaderez pas.

ARLEQUIN, *l'arrêtant par le bras, et se mettant à genoux.* Faut-il m'agenouiller, Madame, pour vous convaincre de mes flammes, et de la sincérité de mes feux[2] ?

CLÉANTHIS. Mais ceci devient sérieux. Laissez-moi, je ne veux point d'affaires[3] ; levez-vous. Quelle vivacité ! Faut-il vous dire qu'on vous aime ? Ne peut-on en être quitte à moins ? Cela est étrange !

---

1. **Coquet** : ici, qui fait semblant d'être amoureux.
2. **Flammes, feux** : amour (expressions précieuses).
3. **Affaires** : aventures amoureuses.

Scène 6

ARLEQUIN, *riant à genoux.* Ah ! ah ! ah ! que cela va bien ! Nous sommes aussi bouffons que nos patrons, mais nous sommes plus sages.

CLÉANTHIS. Oh ! vous riez, vous gâtez tout.

ARLEQUIN. Ah ! ah ! par ma foi, vous êtes bien aimable et moi aussi. Savez-vous ce que je pense ?

CLÉANTHIS. Quoi ?

ARLEQUIN. Premièrement, vous ne m'aimez pas, sinon par coquetterie, comme le grand monde.

CLÉANTHIS. Pas encore, mais il ne s'en fallait plus que d'un mot, quand vous m'avez interrompue. Et vous, m'aimez-vous ?

ARLEQUIN. J'y allais aussi, quand il m'est venu une pensée. Comment trouvez-vous mon Arlequin ?

CLÉANTHIS. Fort à mon gré. Mais que dites-vous de ma suivante ?

ARLEQUIN. Qu'elle est friponne !

CLÉANTHIS. J'entrevois votre pensée.

ARLEQUIN. Voilà ce que c'est ; tombez amoureuse d'Arlequin, et moi de votre suivante. Nous sommes assez forts pour soutenir[1] cela.

CLÉANTHIS. Cette imagination-là me rit assez. Ils ne sauraient mieux faire que de nous aimer, dans le fond.

ARLEQUIN. Ils n'ont jamais rien aimé de si raisonnable, et nous sommes d'excellents partis pour eux.

CLÉANTHIS. Soit. Inspirez à Arlequin de s'attacher à moi ; faites-lui sentir l'avantage qu'il y trouvera dans la situation où il est ; qu'il m'épouse, il sortira tout d'un coup d'esclavage ; cela est bien aisé, au bout du compte. Je n'étais ces jours passés qu'une esclave ; mais enfin me

---

1. **Soutenir :** jouer.

Scène 6

voilà dame et maîtresse d'aussi bon jeu qu'une autre[1] ; je la suis par hasard ; n'est-ce pas le hasard qui fait tout ? Qu'y a-t-il à dire à cela ? J'ai même un visage de condition[2] ; tout le monde me l'a dit.

ARLEQUIN. Pardi ! je vous prendrais bien, moi, si je n'aimais pas votre suivante un petit brin plus que vous. Conseillez-lui aussi de l'amour pour ma petite personne, qui, comme vous voyez, n'est pas désagréable.

CLÉANTHIS. Vous allez être content ; je vais appeler Cléanthis, je n'ai qu'un mot à lui dire ; éloignez-vous un instant et revenez. Vous parlerez ensuite à Arlequin pour moi, car il faut qu'il commence ; mon sexe, la bienséance et ma dignité le veulent.

ARLEQUIN. Oh ! ils le veulent, si vous voulez ; car dans le grand monde on n'est pas si façonnier[3] ; et, sans faire semblant de rien, vous pourriez lui jeter quelque petit mot clair à l'aventure[4] pour lui donner courage, à cause que vous êtes plus que lui, c'est l'ordre.

CLÉANTHIS. C'est assez bien raisonner. Effectivement, dans le cas où je suis, il pourrait y avoir de la petitesse à m'assujettir[5] à de certaines formalités qui ne me regardent plus ; je comprends cela à merveille ; mais parlez-lui toujours, je vais dire un mot à Cléanthis ; tirez-vous à quartier[6] pour un moment.

ARLEQUIN. Vantez mon mérite ; prêtez-m'en un peu à charge de revanche.

CLÉANTHIS. Laissez-moi faire. *(Elle appelle Euphrosine.)* Cléanthis !

---

1. **D'aussi bon jeu qu'une autre :** en valant bien une autre.
2. **Un visage de condition :** expression ambiguë. *De condition* peut aussi bien vouloir dire de noble naissance que de condition domestique !
3. **Façonnier :** qui fait des façons, des cérémonies.
4. **À l'aventure :** au hasard, par ci par là.
5. **M'assujettir :** me plier.
6. **Tirez-vous à quartier :** éloignez-vous de quelques pas.

Scène 7

Scène 7 CLÉANTHIS, EUPHROSINE, *qui vient doucement.*

CLÉANTHIS. Approchez et accoutumez-vous[1] à aller plus vite car je ne saurais attendre.

EUPHROSINE. De quoi s'agit-il ?

CLÉANTHIS. Venez ça, écoutez-moi. Un honnête homme vient de me témoigner qu'il vous aime ; c'est Iphicrate.

EUPHROSINE. Lequel ?

CLÉANTHIS. Lequel ? Y en a-t-il deux ici ? c'est celui qui vient de me quitter.

EUPHROSINE. Eh ! que veut-il que je fasse de son amour ?

CLÉANTHIS. Eh ! qu'avez-vous fait de l'amour de ceux qui vous aimaient ? vous voilà bien étourdie[2] ! est-ce le mot d'amour qui vous effarouche ? Vous le connaissez tant cet amour ! vous n'avez jusqu'ici regardé les gens que pour leur en donner ; vos beaux yeux n'ont fait que cela ; dédaignent-ils la conquête du seigneur Iphicrate ? Il ne vous fera pas de révérences penchées ; vous ne lui trouverez point de contenance ridicule, d'air évaporé ; ce n'est point une tête légère, un petit badin[3], un petit perfide[4], un joli volage[5], un aimable indiscret[6] ; ce n'est point tout cela ; ces grâces-là lui manquent à la vérité ; ce n'est qu'un homme simple dans ses manières, qui n'a pas l'esprit de se donner des airs ; qui vous dira qu'il vous aime seulement

---

1. **Accoutumez-vous :** habituez-vous.
2. **Étourdie :** très embarrassée.
3. **Badin :** qui aime rire.
4. **Perfide :** traître, sournois (précieux).
5. **Volage :** infidèle.
6. **Indiscret :** qui agit à la légère.

parce que cela sera vrai ; enfin ce n'est qu'un bon cœur, voilà tout ; et cela est fâcheux[1], cela ne pique point[2]. Mais vous avez l'esprit raisonnable ; je vous destine à lui, il fera votre fortune ici, et vous aurez la bonté d'estimer son amour, et vous y serez sensible, entendez-vous[3] ? Vous vous conformerez à mes intentions, je l'espère ; imaginez vous-même que je le veux.

EUPHROSINE. Où suis-je ! et quand cela finira-t-il ?
Elle rêve[4].

Scène 8 ARLEQUIN, EUPHROSINE.

Arlequin arrive en saluant Cléanthis qui sort. Il va tirer Euphrosine par la manche.

EUPHROSINE. Que me voulez-vous ?

ARLEQUIN, *riant*. Eh ! eh ! eh ! ne vous a-t-on pas parlé de moi ?

EUPHROSINE. Laissez-moi, je vous prie.

ARLEQUIN. Eh ! là, là, regardez-moi dans l'œil pour deviner ma pensée.

EUPHROSINE. Eh ! pensez ce qu'il vous plaira.

ARLEQUIN. M'entendez-vous un peu ?

EUPHROSINE. Non.

ARLEQUIN. C'est que je n'ai encore rien dit.

---

1. **Fâcheux :** gênant.
2. **Cela ne pique point :** cela manque d'originalité.
3. **Entendez-vous :** comprenez-vous.
4. **Elle rêve :** elle est plongée dans ses pensées.

Scène 8

EUPHROSINE, *impatiente.* Ah !

ARLEQUIN. Ne mentez point ; on vous a communiqué les sentiments de mon âme ; rien n'est plus obligeant[1] pour vous.

EUPHROSINE. Quel état[2] !

ARLEQUIN. Vous me trouvez un peu nigaud, n'est-il pas vrai ? Mais cela se passera ; c'est que je vous aime, et que je ne sais comment vous le dire.

EUPHROSINE. Vous ?

ARLEQUIN. Eh ! pardi ! Oui ; qu'est-ce qu'on peut faire de mieux ? Vous êtes si belle ! il faut bien vous donner son cœur ; aussi bien vous le prendriez de vous-même.

EUPHROSINE. Voici le comble de mon infortune[3].

ARLEQUIN, *lui regardant les mains.* Quelles mains ravissantes ! les jolis petits doigts ! que je serais heureux avec cela ! mon petit cœur en ferait bien son profit. Reine, je suis bien tendre, mais vous ne voyez rien. Si vous aviez la charité d'être tendre aussi, oh ! je deviendrais fou tout à fait.

EUPHROSINE. Tu ne l'es que trop.

ARLEQUIN. Je ne le serai jamais tant[4] que vous en êtes digne.

EUPHROSINE. Je ne suis digne que de pitié, mon enfant.

ARLEQUIN. Bon, bon ! à qui est-ce que vous contez cela ? vous êtes digne de toutes les dignités imaginables ; un empereur ne vous vaut pas, ni moi non plus ; mais me voilà, moi, et un empereur n'y est pas ; et un rien qu'on voit vaut mieux que quelque chose qu'on ne voit pas. Qu'en dites-vous ?

---

1. **Obligeant :** flatteur.
2. **Quel état !** : quelle situation !
3. **Infortune :** malheur.
4. **Tant :** autant

Scène 8

EUPHROSINE. Arlequin, il me semble que tu n'as pas le cœur mauvais.

ARLEQUIN. Oh ! il ne s'en fait plus de cette pâte-là ; je suis un mouton.

EUPHROSINE. Respecte donc le malheur que j'éprouve.

ARLEQUIN. Hélas ! je me mettrais à genoux devant lui.

EUPHROSINE. Ne persécute point une infortunée, parce que tu peux la persécuter impunément[1]. Vois l'extrémité où je suis réduite ; et si tu n'as point d'égard au rang que je tenais dans le monde, à ma naissance, à mon éducation, du moins que mes disgrâces[2], que mon esclavage, que ma douleur t'attendrissent. Tu peux ici m'outrager autant que tu le voudras ; je suis sans asile et sans défense, je n'ai que mon désespoir pour tout secours, j'ai besoin de la compassion de tout le monde, de la tienne même, Arlequin ; voilà l'état où je suis ; ne le trouves-tu pas assez misérable ? Tu es devenu libre et heureux, cela doit-il te rendre méchant ? Je n'ai pas la force de t'en dire davantage : je ne t'ai jamais fait de mal, n'ajoute rien à celui que je souffre.
Elle sort.

ARLEQUIN, *abattu, les bras abaissés, et comme immobile.* J'ai perdu la parole.

---

1. **Impunément :** sans être puni en retour.
2. **Disgrâces :** malheurs, mésaventures.

Clefs d'analyse

Scènes 6 à 8.

Compréhension

Registres

- Relever les éléments parodiques du langage précieux à la scène 6.
- Noter les termes relatifs à l'univers du théâtre à la scène 6.
- Analyser le registre sur lequel Euphrosine s'exprime.

Réflexion

Dramaturgie

- Observer en quoi la scène 6 est un exemple de théâtre dans le théâtre.
- Analyser l'évolution des registres entre les scènes 6 et 8 et les effets de contraste obtenus.
- Étudier la manière dont le langage sert à établir la vérité (scène 8).

À retenir :

La parodie est l'imitation comique d'une œuvre ou d'un genre sérieux. Plus un genre repose sur des conventions, plus la parodie se nourrit de ces conventions en les prenant à contre-pied.
Une parodie fonctionne sur plusieurs niveaux :
– un genre affirmé, connu de tous ;
– le décalage : en décalant une donnée primordiale de l'œuvre sérieuse, la parodie obtient un effet comique ; il en va ainsi de l'anachronisme ou de l'inversion de données sur les personnages : quand le chevalier courageux devient couard, quand le monstre est gentil, etc. ;
– les enjeux : le genre sérieux nécessite l'existence d'une quête majeure (dilemme de la tragédie, recherche de l'exploit guerrier, délivrance d'une héroïne...). La parodie supposera donc un enjeu dérisoire, disproportionné avec les moyens mis en œuvre (exemple : les moulins de Don Quichotte) ;
– le langage : les valets de L'Île des esclaves reprennent des termes propres à l'univers galant de leurs maîtres mais ils « surjouent » la scène. Les mots de la convention précieuse tournent en ridicule ceux qui les emploient.

Synthèse Scènes 6 à 8

L'épreuve des désirs

Personnages

L'imitation de l'autre

La scène 6 est au milieu exact de la pièce. Jusqu'ici, Arlequin et Cléanthis ne faisaient que porter les habits et les noms de leurs maîtres ; maintenant ils décident d'usurper leur personnalité, en reproduisant ce qui les différenciait le plus : le langage.

Cléanthis est naturellement celle qui se sort le mieux de ce jeu. Nous avons déjà noté que le langage employé pendant la scène du portrait était très proche de celui de sa maîtresse. Cléanthis aborde la scène du théâtre dans le théâtre avec sérieux. L'imitation d'Euphrosine qu'elle propose prouve l'ambiguïté de sa démarche : il est clair que Cléanthis envie Euphrosine, et en particulier sa beauté. Elle refuse d'abord de cesser le jeu, mais poussée par la colère elle lâche une longue tirade, la plus argumentée, la plus profonde. En incarnant totalement Euphrosine, Cléanthis a redonné vérité à un langage galvaudé.

Arlequin considère la scène d'incarnation des maîtres comme une plaisanterie, un prétexte à rire dans l'immédiat. La réflexion à terme n'est pas son fort. Cette absence de recul met Arlequin dans une situation inédite : sa déclaration d'amour à Euphrosine est une vraie déclaration d'amour, parce qu'Arlequin ne saurait agir autrement que poussé par le désir ; mais le reproche de contrainte lancé par Euphrosine est également fondé. Face à cette contradiction, Arlequin ne peut que lâcher cette réplique incroyable pour lui : « J'ai perdu la parole. » Euphrosine n'a que quelques répliques, mais la dernière fait partie de ces tirades qui donnent leur sens à la pièce (« tu es devenu libre et heureux, cela doit-il te rendre méchant ? »). En lui confiant une des leçons de l'œuvre, Marivaux rééquilibre le quatuor. Il est alors clair que la leçon d'humanité appliquée aux maîtres s'applique également aux valets.

Synthèse Scènes 6 à 8

Langage
Vérités et mensonges

Les scènes 6, 7 et 8 présentent une variété langagière typique de Marivaux, mais concentrée ici en quelques pages. Dans la scène 6, Marivaux semble se parodier lui-même (en particulier son triomphe précédent, *La Surprise de l'amour*) ; les valets ne lancent pas des balourdises, ils vident de sens les mots conventionnels. L'intrusion dans l'univers courtois de deux registres opposés, celui de la farce (pitreries d'Arlequin) et celui du pathétique (lamentations d'Euphrosine) nous prépare à la naissance d'un langage nouveau, celui de la vérité des sentiments.

Société
Le théâtre du quotidien

Les portraits d'Euphrosine et d'Iphicrate étaient construits autour d'une idée marivaudienne typique : l'être social est un être en représentation. Les mimiques d'Euphrosine, ses intonations, ses jeux de scène (la main dégantée) sont dignes d'actrices chevronnées. Euphrosine s'habille et se maquille comme une comédienne : Cléanthis va donc en faire autant.

Le « monde » ou le « salon » est un lieu où chacun joue un rôle. Se pose alors la question de la liberté : joue-t-on le rôle qu'on a choisi de jouer, ou celui que le milieu nous impose ? On pense au « étourdi par nature, étourdi par singerie, parce que les femmes les aiment comme cela » dit par Arlequin (scène 5). Le portrait d'Iphicrate, à la fois incisif et expéditif, insiste sur la vacuité de ce théâtre social, sans enjeu, sans relief.

Lorsque les valets jouent les rôles des maîtres, cette vacuité explose à la vue de tous.

L'Île des esclaves ne remet pas en question la nécessité d'un lien social souvent conventionnel : la pièce cherche à donner du sens à ce lien. En cela, *L'Île des esclaves* est bien une fable.

Scène 9 IPHICRATE, ARLEQUIN.

IPHICRATE. Cléanthis m'a dit que tu voulais t'entretenir avec moi ; que me veux-tu ? as-tu encore quelques nouvelles insultes à me faire ?

ARLEQUIN. Autre personnage qui va me demander encore ma compassion. Je n'ai rien à te dire, mon ami, sinon que je voulais te faire commandement d'aimer la nouvelle Euphrosine ; voilà tout. À qui diantre en as-tu ?

IPHICRATE. Peux-tu me le demander, Arlequin ?

ARLEQUIN. Eh ! pardi, oui, je le peux, puisque je le fais.

IPHICRATE. On m'avait promis que mon esclavage finirait bientôt, mais on me trompe, et c'en est fait[1], je succombe ; je me meurs, Arlequin, et tu perdras bientôt ce malheureux maître qui ne te croyait pas capable des indignités qu'il a souffertes de toi.

ARLEQUIN. Ah ! il ne nous manquait plus que cela, et nos amours auront bonne mine. Écoute, je te défends de mourir par malice[2] ; par maladie, passe, je te le permets.

IPHICRATE. Les dieux te puniront, Arlequin.

ARLEQUIN. Eh ! de quoi veux-tu qu'ils me punissent ; d'avoir eu du mal[3] toute ma vie ?

IPHICRATE. De ton audace et de tes mépris envers ton maître ; rien ne m'a été aussi sensible, je l'avoue. Tu es né, tu as été élevé avec moi dans la maison de mon père ; le tien y est encore ; il t'avait recommandé ton devoir en par-

---

1. **C'en est fait :** c'en est fini.
2. **Malice :** méchanceté.
3. **Mal :** malheur.

Scène 9

tant ; moi-même je t'avais choisi par un sentiment d'amitié pour m'accompagner dans mon voyage ; je croyais que tu m'aimais, et cela m'attachait à toi.

ARLEQUIN, *pleurant.* Eh ! qui est-ce qui te dit que je ne t'aime plus ?

IPHICRATE. Tu m'aimes, et tu me fais mille injures ?

ARLEQUIN. Parce que je me moque un petit brin de toi, cela empêche-t-il que je t'aime ? Tu disais bien que tu m'aimais, toi, quand tu me faisais battre ; est-ce que les étrivières[1] sont plus honnêtes[2] que les moqueries ?

IPHICRATE. Je conviens que j'ai pu quelquefois te maltraiter sans trop de sujet.

ARLEQUIN. C'est la vérité.

IPHICRATE. Mais par combien de bontés ai-je réparé cela !

ARLEQUIN. Cela n'est pas de ma connaissance.

IPHICRATE. D'ailleurs, ne fallait-il pas te corriger de tes défauts ?

ARLEQUIN. J'ai plus pâti[3] des tiens que des miens ; mes plus grands défauts, c'était ta mauvaise humeur, ton autorité, et le peu de cas que tu faisais de ton pauvre esclave.

IPHICRATE. Va, tu n'es qu'un ingrat ; au lieu de me secourir ici, de partager mon affliction, de montrer à tes camarades l'exemple d'un attachement qui les eût touchés, qui les eût engagés peut-être à renoncer à leur coutume ou à m'en affranchir[4], et qui m'eût pénétré moi-même de la plus vive reconnaissance !

ARLEQUIN. Tu as raison, mon ami ; tu me remontres[5] bien mon devoir ici pour toi ; mais tu n'as jamais su le tien

---

1. **Étrivières** : lanières de cuir pour attacher les étriers, pouvant servir de fouets ; métaphore pour mauvais traitements.
2. **Honnêtes** : correctes, polies.
3. **Pâti** : souffert.
4. **Affranchir** : libérer.
5. **Remontres** : montres comme un reproche.

Scène 9

pour moi, quand nous étions dans Athènes. Tu veux que je partage ton affliction[9], et jamais tu n'as partagé la mienne. Eh bien ! va, je dois avoir le cœur meilleur que toi ; car il y a plus longtemps que je souffre, et que je sais ce que c'est que de la peine. Tu m'as battu par amitié : puisque tu le dis, je te le pardonne ; je t'ai raillé par bonne humeur, prends-le en bonne part, et fais-en ton profit. Je parlerai en ta faveur à mes camarades, je les prierai de te renvoyer, et, s'ils ne le veulent pas, je te garderai comme mon ami ; car je ne te ressemble pas, moi ; je n'aurais point le courage d'être heureux à tes dépens.

IPHICRATE, *s'approchant d'Arlequin.* Mon cher Arlequin, fasse le ciel, après ce que je viens d'entendre, que j'aie la joie de te montrer un jour les sentiments que tu me donnes pour toi ! Va, mon cher enfant, oublie que tu fus mon esclave, et je me ressouviendrai toujours que je ne méritais pas d'être ton maître.

ARLEQUIN. Ne dites donc point comme cela, mon cher patron : si j'avais été votre pareil, je n'aurais peut-être pas mieux valu que vous. C'est à moi à vous demander pardon du mauvais service que je vous ai toujours rendu. Quand vous n'étiez pas raisonnable, c'était ma faute.

IPHICRATE, *l'embrassant.* Ta générosité me couvre de confusion.

ARLEQUIN. Mon pauvre patron, qu'il y a de plaisir à bien faire ! *(Après quoi il déshabille son maître.)*

IPHICRATE. Que fais-tu, mon cher ami ?

ARLEQUIN. Rendez-moi mon habit, et reprenez le vôtre ; je ne suis pas digne de le porter.

IPHICRATE. Je ne saurais retenir mes larmes. Fais ce que tu voudras.

---

1. **Affliction** : douleur.

Scène 10

Scène 10 CLÉANTHIS, EUPHROSINE, IPHICRATE, ARLEQUIN.

CLÉANTHIS, *en entrant avec Euphrosine qui pleure.* Laissez-moi, je n'ai que faire de vous entendre gémir. *(Et plus près d'Arlequin.)* Qu'est-ce que cela signifie, seigneur Iphicrate ? Pourquoi avez-vous repris votre habit ?

ARLEQUIN, *tendrement.* C'est qu'il est trop petit pour mon cher ami, et que le sien est trop grand pour moi.
Il embrasse les genoux de son maître.

CLÉANTHIS. Expliquez-moi donc ce que je vois ; il semble que vous lui demandiez pardon ?

ARLEQUIN. C'est pour me châtier de mes insolences.

CLÉANTHIS. Mais enfin notre projet ?

ARLEQUIN. Mais enfin, je veux être un homme de bien ; n'est-ce pas là un beau projet ? je me repens de mes sottises, lui des siennes ; repentez-vous des vôtres, Madame Euphrosine se repentira aussi ; et vive l'honneur après ! cela fera quatre beaux repentirs, qui nous feront pleurer tant que nous voudrons.

EUPHROSINE. Ah ! ma chère Cléanthis, quel exemple pour vous !

IPHICRATE. Dites plutôt : quel exemple pour nous ! Madame, vous m'en voyez pénétré[1].

CLÉANTHIS. Ah ! vraiment, nous y voilà avec vos beaux exemples. Voilà de nos gens[2] qui nous méprisent dans le monde, qui font les fiers, qui nous maltraitent, et qui nous

---

1. **Pénétré** : ému.
2. **Nos gens** : nos domestiques.

Scène 10

regardent comme des vers de terre ; et puis, qui sont trop heureux dans l'occasion de nous trouver cent fois plus honnêtes gens qu'eux. Fi ! que cela est vilain, de n'avoir eu pour mérite que de l'or, de l'argent et des dignités ! C'était bien la peine de faire tant les glorieux[1] ! Où en seriez-vous aujourd'hui, si nous n'avions point d'autre mérite que cela pour vous ? Voyons, ne seriez-vous pas bien attrapés ? Il s'agit de vous pardonner, et pour avoir cette bonté-là, que faut-il être, s'il vous plaît ? Riche ? Non ; noble ? non ; grand seigneur ? point du tout. Vous étiez tout cela ; en valiez-vous mieux ? Et que faut-il donc ? Ah ! nous y voici. Il faut avoir le cœur bon, de la vertu et de la raison ; voilà ce qu'il faut, voilà ce qui est estimable, ce qui distingue, ce qui fait qu'un homme est plus qu'un autre. Entendez-vous, Messieurs les honnêtes gens du monde[2] ? Voilà avec quoi l'on donne les beaux exemples que vous demandez et qui vous passent[3]. Et à qui les demandez-vous ? À de pauvres gens que vous avez toujours offensés, maltraités, accablés, tout riches que vous êtes, et qui ont aujourd'hui pitié de vous, tout pauvres qu'ils sont. Estimez-vous à cette heure, faites les superbes, vous aurez bonne grâce ! Allez, vous devriez rougir de honte.

ARLEQUIN. Allons, m'amie, soyons bonnes gens sans le reprocher, faisons du bien sans dire d'injures. Ils sont contrits[4] d'avoir été méchants, cela fait qu'ils nous valent bien ; car quand on se repent, on est bon ; et quand on est bon, on est aussi avancé que nous. Approchez, Madame Euphrosine ; elle vous pardonne ; voici qu'elle pleure, la rancune s'en va, et votre affaire est faite.

---

1. **Glorieux :** fiers.
2. **Messieurs les honnêtes gens du monde :** peut s'adresser aussi bien aux personnages de la comédie qu'aux spectateurs.
3. **Passent :** dépassent.
4. **Contrits :** confus, malheureux.

Scène 10

CLÉANTHIS. Il est vrai que je pleure : ce n'est pas le bon cœur qui me manque.

EUPHROSINE, *tristement.* Ma chère Cléanthis, j'ai abusé de l'autorité que j'avais sur toi, je l'avoue.

CLÉANTHIS. Hélas ! comment en aviez-vous le courage ? Mais voilà qui est fait, je veux bien oublier tout ; faites comme vous voudrez. Si vous m'avez fait souffrir, tant pis pour vous ; je ne veux pas avoir à me reprocher la même chose, je vous rends la liberté ; et s'il y avait un vaisseau, je partirais tout à l'heure[1] avec vous : voilà tout le mal que je vous veux ; si vous m'en faites encore, ce ne sera pas ma faute.

ARLEQUIN, *pleurant.* Ah ! la brave fille ! ah ! le charitable naturel !

IPHICRATE. Êtes-vous contente, Madame ?

EUPHROSINE, *avec attendrissement.* Viens que je t'embrasse, ma chère Cléanthis.

ARLEQUIN, *à Cléanthis.* Mettez-vous à genoux pour être encore meilleure qu'elle.

EUPHROSINE. La reconnaissance me laisse à peine la force de te répondre. Ne parle plus de ton esclavage, et ne songe plus désormais qu'à partager avec moi tous les biens que les dieux m'ont donnés, si nous retournons à Athènes.

---

1. **Tout à l'heure :** aussitôt.

Scène 11   Trivelin, Cléanthis
et les acteurs précédents.

TRIVELIN. Que vois-je ? vous pleurez, mes enfants ; vous vous embrassez !

ARLEQUIN. Ah ! vous ne voyez rien ; nous sommes admirables ; nous sommes des rois et des reines. En fin finale, la paix est conclue, la vertu a arrangé tout cela ; il ne nous faut plus qu'un bateau et un batelier pour nous en aller : et si vous nous les donnez, vous serez presque aussi honnêtes gens que nous.

TRIVELIN. Et vous, Cléanthis, êtes-vous du même sentiment ?

CLÉANTHIS, *baisant la main de sa maîtresse.* Je n'ai que faire de vous en dire davantage ; vous voyez ce qu'il en est.

ARLEQUIN, *prenant aussi la main de son maître pour la baiser.* Voilà aussi mon dernier mot, qui vaut bien des paroles.

TRIVELIN. Vous me charmez. Embrassez-moi aussi, mes chers enfants ; c'est là ce que j'attendais. Si cela n'était pas arrivé, nous aurions puni vos vengeances, comme nous avons puni leurs duretés. Et vous, Iphicrate, vous, Euphrosine, je vous vois attendris ; je n'ai rien à ajouter aux leçons que vous donne cette aventure. Vous avez été leurs maîtres, et vous en avez mal agi ; ils sont devenus les vôtres, et ils vous pardonnent ; faites vos réflexions là-dessus. La différence des conditions n'est qu'une épreuve que les dieux font sur nous : je ne vous en dis pas davantage. Vous partirez dans deux jours et vous reverrez Athènes. Que la joie à présent, et que les plaisirs succèdent aux chagrins que vous avez sentis, et célèbrent le jour de votre vie le plus profitable.

Scène 11

DIVERTISSEMENT[1]

30 Air pour les esclaves

Un esclave :
Quand un homme est fier de son rang
Et qu'il me vante sa naissance,
Je ris je ris de notre impertinence
35 Qui de ce nain fait un géant.

Mais a-t-il l'âme respectable ?
Est-il né tendre et généreux ?
Je voudrais forger une fable
Qui le fit descendre des dieux.

40 Je voudrais forger une fable
Qui le fit descendre des dieux.

Vaudeville

1
Point de liberté dans la vie :
45 Quand le plaisir veut nous guider,
Tout aussitôt la raison crie.
Moi, ne pouvant les accorder,
Je n'en fais qu'à ma fantaisie.

2
50 La vertu seule a droit de plaire,
Dit le philosophe ici-bas.
C'est bien dit, mais ce pauvre hère
Aime l'argent et n'en a pas.
Il en médit dans sa colère.

55 3
« Arlequin, au parterre » :
J'avais cru, patron de la case
Et digne objet de notre amour,
Qu'ici, comme en campagne rase,
60 L'herbe croîtrait au premier jour.
Je vous vois, je suis en extase.

---

1. Le texte de ce divertissement chanté et dansé n'est pas de Marivaux.

Clefs d'analyse
Scènes 9 à 11.

Compréhension

Informations

- Relever les éléments informatifs dans le discours de Trivelin (scène 11) et l'information majeure que celui-ci annonce.
- Expliquer en quoi ils répondent aux discours de la scène 2.

Registres

- Noter les occurrences du registre pathétique dans la scène 9.
- Observer en quoi les tons employés par les protagonistes aux scènes 10 et 11 préviennent le spectateur que la pièce s'achève.
- Relever les marques d'autorité dans l'intervention de Trivelin (scène 11).

Réflexion

Dramaturgie

- Étudier les éléments de symétrie entre les scènes 8 et 9.
- Analyser les éléments de symétrie entre les scènes 9 et 10.
- Relever les scènes de la pièce où Trivelin est présent et leur rôle dans la fable.

À retenir :

Le dénouement classique consiste à résoudre les intrigues nouées au cours des actes et scènes précédents. L'habileté de l'auteur se fait sentir si ce dénouement se produit sans apport d'événement extérieur : les données de caractères et d'intrigues doivent suffire. Dans L'Île des esclaves, pièce en un acte de onze scènes, le dénouement occupe les trois dernières scènes, ce qui équivaut au cinquième acte d'une pièce en cinq actes. Il s'agit pour Marivaux de trouver une conclusion aux enjeux des personnages. La résolution des intrigues apporte à la pièce sa morale, de façon à la rendre « profitable », comme l'indique le dernier mot.

Dans une comédie classique, les personnages majeurs sont présents au cours de la dernière scène. Ils seront donc déjà sur le plateau pour entonner les chansons finales et saluer le public.

Synthèse Scènes 9 à 11

La leçon morale

Personnages

Le retour vers soi

Les scènes 6 à 8 avaient consacré le mélange des personnalités, par des procédés d'imitation (de ton), d'usurpation (d'identité) et d'appropriation (de costume). La tirade pathétique d'Euphrosine (scène 8) met fin au divertissement.
Quand Arlequin dit avoir perdu la parole, il s'agit de celle de l'acteur imitant Iphicrate. L'illusion s'effondre, le jeu est fini. Arlequin redevient Arlequin. « Je ne te ressemble pas » dit-il à Iphicrate lors de sa tirade décisive (scène 9). Le mouvement de retour vers soi va alors s'amorcer chez chaque caractère.
En querellant Arlequin, Iphicrate tente de reprendre le pouvoir par l'apitoiement, mais sans se remettre en cause. La leçon de morale d'Arlequin porte ses fruits : Iphicrate semble touché par la grâce. Les femmes vont suivre. Arlequin interrompt Cléanthis qui aimerait prolonger un jeu obsolète. Son « bon cœur » fait le reste. Enfin, Euphrosine doit subir les conseils d'Iphicrate métamorphosé (« dites plutôt, quel exemple pour nous »), tout autant que les marques d'affection de Cléanthis, pour guérir de son arrogance. Marivaux réussit la transformation de chacun en créant un système de relais, un tourbillon qui mêle raison et sentiments. Les échanges de personnalités s'achèvent : chacun reprend son costume et son nom mais les caractères ont été ébranlés.

Langage

Langage et thérapie

La guérison annoncée en scène 2 s'obtient donc à l'issue d'un procédé où les mots jouent un rôle prépondérant. L'échange de costumes et de noms n'est qu'une partie d'un processus essentiellement verbal.
Les ex-maîtres avaient dû subir des portraits satiriques et *reconnaître* leur véracité. Mais il ne s'agissait que de moqueries.

Synthèse Scènes 9 à 11

Les leçons de morale assénées par Arlequin puis Cléanthis sont d'un tout autre intérêt : les personnages doivent se hisser vers eux, pour accéder à une compréhension supérieure. Dans cette dernière épreuve, Marivaux écarte toute perturbation : pas de cabrioles, pas de jeux de mots. « Il faut avoir le cœur bon, de la vertu et de la raison ; voilà ce qu'il faut, voilà ce qui est estimable, ce qui distingue, ce qui fait qu'un homme est plus qu'un autre » affirme Cléanthis, dans une tirade qui aurait pu être dite par Trivelin.

Un metteur en scène sait que le sentiment doit être compris de l'intérieur par le comédien. Il en est de même pour Trivelin : il a fait en sorte que la sagesse qu'il souhaite transmettre soit découverte par les personnages et formulée par eux.

Société

L'acceptation du lien social

Le discours de Marivaux dans la dernière scène est très clair : les personnages doivent accepter les différences de condition mais en aucun cas en tirer un sentiment de supériorité. Arlequin a conscience que, placé dans la situation d'Iphicrate, il ne se serait pas mieux comporté. Le spectateur contemporain peut être choqué de voir Arlequin reprendre ses haillons, qu'Arlequin et Cléanthis s'agenouillent devant leurs « maîtres ». Mais il est difficile de savoir qui a la meilleure part, du maître futile ou de l'esclave débrouillard : ici, l'utopie résout la contradiction en *fondant* les couples. Iphicrate est *devenu* Arlequin et réciproquement. Le partage qu'évoque Euphrosine n'est pas seulement celui des biens matériels, il s'agit d'une véritable *fraternité*, bien plus importante que l'égalité.

La fable utopique ne cherche pas à confronter les personnages avec un monde réel. Mais la fable construit une morale, un enseignement : ce monde dont Dieu est absent est le nôtre, nous sommes Iphicrate et Euphrosine, nous sommes aussi les esclaves vengeurs. « Faites vos réflexions là-dessus. »

POUR
APPROFONDIR

Genre, action, personnages

Genre et registres
La comédie

Genre dramatique défini depuis l'Antiquité, la comédie a pour but de divertir, ce qui n'empêche pas d'alimenter la réflexion et de corriger les mœurs par la satire. L'expression latine *vis comica* (pouvoir de faire rire) impose ce pouvoir de la comédie[1], le rire étant une défense naturelle de l'être humain contre l'oppression ou la grandeur pompeuse.

Consubstantielle au théâtre, la comédie a trouvé un grand nombre de chemins pour rencontrer le spectateur. On peut notamment citer :

– les comédies de caractères ; centrées sur un personnage principal affublé d'un défaut majeur, les intrigues sont déterminées par ce défaut : *L'Avare* (Molière, 1668), *Le Menteur* (Corneille, 1644)… ;

– les comédies sociales : le défaut précédent n'est pas lié à un caractère unique mais à un groupe humain, généralement social. Il en est ainsi des « petits marquis » moqués par Molière ou du *Petit-Maître corrigé* (1734) de Marivaux ;

– les comédies d'aventures : une intrigue mouvementée réserve des surprises au spectateur, selon un procédé accumulatif. Les héros sont aux prises avec de nombreux dangers. L'issue est toujours positive ;

– la comédie parodique : elle se moque d'un genre ou d'une œuvre ;

– la comédie merveilleuse : la possibilité de montrer au théâtre des choses ou des êtres qui n'existent pas a donné ce sous-genre, plus destiné à faire rêver qu'à faire penser.

---

[1]. Le mot *comédie* s'applique parfois à toute œuvre théâtrale, y compris tragique ; la pièce de Corneille, *L'Illusion comique* (1639) n'implique pas une pièce amusante : le titre signifie « l'illusion théâtrale ».

Genre, action, personnages

Naturellement, ces sous-genres ne sont pas disjoints. Une comédie type *commedia dell'arte* présente des personnages typés issus de la comédie de caractères (le soldat fanfaron, le valet intrigant, le vieillard concupiscent) jetés dans l'intrigue souvent délirante d'une comédie d'aventures. *L'Île des esclaves* est une comédie sociale, dont certains personnages proviennent de la comédie de caractères.

Les règles de la comédie

Même un divertissement est construit selon des règles. La comédie classique est confrontée à un certain nombre de conventions qui s'appliquent à toute œuvre théâtrale :
– la règle des trois unités (unité de lieu, de genre, d'action). Si la comédie d'aventures ignore généralement cette règle, il n'en est pas de même de la comédie sociale ;
– une structure en trois temps : exposition/péripéties/dénouement ;
– l'observation de la bienséance. Bien que la comédie sous la Régence nous paraisse parfois débridée, il n'est pas question de commettre des blasphèmes, des crimes de lèse-majesté, ou de proférer des vulgarités. Le spectateur s'amuse à observer l'habileté de l'auteur de comédie qui contourne la bienséance ; il n'est pas rare que la censure interdise une pièce trop leste.

L'Île des esclaves *et les règles théâtrales*

La pièce observe la règle des trois unités de façon surprenante. Si le lieu clos (l'île) est une évidence, le temps pose problème : Trivelin n'avait-il pas annoncé une durée de trois ans ? Mais Marivaux impose une accélération après la « conversion » d'Arlequin.
L'éventail se referme rapidement ; le temps de l'action est très imprécis, c'est une donnée virtuelle. Marivaux retient l'esprit de cette règle : pas de baisse de tension, pas de temps de repos.
L'action est bien unique ; l'inversion des conditions sociales est la seule donnée de départ, son abandon dans le dénouement entraîne l'achèvement des intrigues secondaires (en particulier amoureuses, qui disparaissent aussitôt).

Genre, action, personnages

On peut noter que Marivaux a observé l'esprit de bienséance en évitant de montrer une scène entre Iphicrate et Cléanthis : les spectateurs auraient été choqués à la vue d'une maîtresse tentant de séduire un valet.

En adhérant aux contraintes du genre sérieux, Marivaux propose une pièce qui s'éloigne de la fantaisie ; il nous demande de prendre cette farce au sérieux, ou comme le dit Trivelin : « faites vos réflexions là-dessus ».

La comédie utopique

Le théâtre, lieu d'illusion, s'est toujours prêté à la présentation d'inventions et de fantaisies. Dans *Lysistrata* (411 avant Jésus-Christ), le grec Aristophane avait imaginé une révolte des femmes, qui prenaient le pouvoir. L'*Histoire comique des États et Empires de la Lune* (1657) de Cyrano de Bergerac a donné de nombreuses pièces, souvent délirantes. Au XVIIIe siècle, la comédie utopique fleurit : les personnages sont projetés dans un lieu régi par un système de gouvernement à la fois exotique et idéal. La critique sociale est rendue aisée par l'éloignement, ce qui permet de contourner la censure. On compte de nombreuses pièces situées à Madagascar, à Ceylan, en Indonésie ou à Tahiti…

La parution des *Lettres persanes* (1721), gros succès de librairie, donne naissance à des « utopies inversées » : un personnage exotique voyage dans les contrées européennes et décrit son étonnement ; ce procédé de second degré autorise toutes sortes de critiques, excusées par l'état « de sauvage » du naïf voyageur.

La comédie utopique est avant tout une fable sociale ; elle aura donc une morale. Son expression relève du domaine de l'argumentation : il faut convaincre. La fable cherche à marquer les esprits et donc à les déstabiliser. Pour casser les idées reçues, il n'est pas rare que la comédie à prétention philosophique use du registre pathétique. Dans *L'Île des esclaves*, il faut l'émotion d'Euphrosine et d'Iphicrate pour qu'ils adhèrent à la morale de l'œuvre.

Mais le discours univoque, digne d'une tribune politique, se marie mal avec le principe de divertissement de la comédie ;

Genre, action, personnages

l'auteur s'efforce donc d'alléger le poids de sa fable grâce à des interventions comiques. On assiste à des scènes dignes de la farce populaire : Arlequin interrompt les discours philosophiques de Trivelin par des bouffonneries. Il faut imaginer également les jeux physiques avec des accessoires (la bouteille de vin), qui contrastent avec l'« esprit de sérieux » de Trivelin – et de l'œuvre.

Convaincre, émouvoir, divertir : les trois piliers de la comédie utopique bâtissent un genre d'apparence hybride, mais c'est le fondement même de la comédie : n'y-t-il pas des bouffonneries dans *Dom Juan* ? La trogne grotesque de Sganarelle ne rehausse-t-elle pas les discours de son maître ?

Depuis Socrate, on sait que le philosophe cherche à choquer, à provoquer. Pour frapper les esprits, l'auteur dramatique crée de brusques contrastes : entendre Arlequin, symbole de la farce, remettre en cause les fondements hiérarchiques de la société, provoque une fissure brutale dans la comédie.

Le digne successeur de Marivaux sur ce terrain est bien entendu Beaumarchais. Sous couvert de présenter de purs divertissements, avec intrigues rocambolesques et personnages typés, Beaumarchais donnera à la comédie sociale ses textes les plus subversifs. Figaro est l'héritier d'Arlequin.

Action

Structure dramatique de L'Île des esclaves

Les onze scènes de la pièce peuvent être scindées en quatre temps :
– l'exposition (scènes 1 et 2) ; rencontre des cinq protagonistes, explication des règles de l'île, présentation de l'enjeu dramatique : les personnages sont ici pour « guérir » ;
– l'épreuve des portraits (scènes 3 à 5) : Trivelin pousse les valets à décrire les travers de leurs maîtres, puis conduit les maîtres à reconnaître le bien-fondé de ces descriptions – tout en promettant une amélioration de leur sort s'ils se « reconnaissent » ;

Genre, action, personnages

– l'épreuve des désirs (scènes 6 à 8) : Trivelin est parti ; Arlequin et Cléanthis font semblant de se faire la cour comme des personnes de condition, puis décident d'inverser le schéma : Arlequin épousera Euphrosine, Cléanthis épousera Iphicrate. Mais Euphrosine reproche à Arlequin ce mauvais procédé ; Arlequin arrête le jeu ;
– le dénouement (scènes 9 à 11) est provoqué par un coup de théâtre, lorsque Arlequin décide de renoncer à son pouvoir sur son maître au bout d'une heure de temps théâtral, alors que Trivelin avait prédit une épreuve de trois ans. Les quatre naufragés se pardonnent mutuellement ; au cours de la dernière scène, Trivelin annonce que les valets aussi étaient à l'épreuve (« nous aurions puni vos vengeances ») ; son dernier discours résume la fable et libère les quatre héros.

À l'intérieur de chaque temps, Marivaux crée un système de miroirs, de répétitions, de parallèles et d'oppositions :
– miroir entre la scène du portrait d'Euphrosine peint par Cléanthis et la scène de portrait d'Iphicrate peint par Arlequin ;
– opposition, sur ce point, entre le bavardage de Cléanthis et la brièveté d'Arlequin ;
– opposition entre les bouffonneries d'Arlequin et le sérieux de Trivelin ;
– miroir entre le jeu de Cléanthis devenue maîtresse et le portrait qu'elle a fait d'Euphrosine ;
– opposition entre une Cléanthis qui prend le jeu au sérieux et un Arlequin qui ne peut le soutenir ;
– parallèle évident entre les personnages dus aux changements de costumes, de noms ; même Arlequin a besoin de s'en souvenir (« à propos, je m'appelle Iphicrate », scène 2) ;
– principe théâtral de la « répétition » ; Arlequin et Cléanthis devenus maîtres semblent *répéter* leurs rôles ;
– parallèle déclaré entre les amours à venir : le couple Arlequin-Euphrosine, le couple Cléanthis-Iphicrate, couples constitués de contraires sociaux ;
– opposition entre la déclaration d'amour d'Arlequin à Euphrosine et l'absence de tout lien entre Iphicrate et Cléanthis : Marivaux

Genre, action, personnages

nous fait l'ellipse d'une possible scène équivalente, ce qui permet d'accélérer l'action ;
– enfin la propagation des larmes au dénouement reproduit les entrées des couples masculins et féminins (sont successivement « guéris » Arlequin ; Iphicrate ; Cléanthis et Euphrosine simultanément) ;
– la structure de la pièce entière présente des effets de miroirs : écho entre les discours de Trivelin (scènes 2 et 11) ; encadrement de l'action principale (la scène 6, médiane) ; système de relais, un protagoniste en chassant un autre.

Une intrigue circulaire

Le cercle est un élément important de la pièce. On qualifie de circulaire une intrigue qui emmène les protagonistes vers un dénouement très proche de la situation de départ. Ici, l'île est un endroit clos, un lieu d'enfermement mental ; la pièce part d'un état d'équilibre instable et après un parcours circulaire, revient à son point de départ mais la situation est devenue stable. Les caractères ont changé ; les naufragés sont toujours des naufragés et ils sont toujours sur l'île. Leur retour à Athènes n'est qu'une promesse, celle du retour à la vie réelle après une parenthèse utopique. Certains metteurs en scène ont d'ailleurs proposé que toute cette aventure ne soit qu'un rêve d'Iphicrate – ou d'Arlequin, ce qui est fort différent...

Le voyage circulaire démarre et se termine par un changement de costumes (chacun reprend ses habits). Ces mouvements sont très perceptibles du spectateur qui devine la fin. Comme dans toute fable, la morale compte plus que le dénouement lui-même.

Personnages

Il y a peu de personnages dans *L'Île des esclaves* : trois hommes, deux femmes ; mais il s'agit de personnages-types à la socialité marquée : deux nobles, deux esclaves, un ancien esclave.

Il arrive que les noms de personnages chez Marivaux soient purement de convention (la Comtesse, le Chevalier, le

Genre, action, personnages

Prince...), ou directement ceux des comédiens qui jouent les rôles (Silvia, Lélio, Mario, Arlequin...). Ici, ils possèdent des noms d'origines complètement différentes : trois grecs, et deux issus de la *commedia dell'arte* italienne. Marivaux attache une grande importance aux noms des personnages puisqu'ils sont amenés, selon les lois de l'île, à les échanger. Iphicrate, Cléanthis, Euphrosine n'existent que dans cette pièce ; Arlequin et Trivelin sont des noms régulièrement employés dans l'œuvre marivaudienne.

Arlequin

Le personnage d'Arlequin est issu de la tradition de la *commedia dell'arte*, forme théâtrale populaire basée sur le jeu d'improvisation, des personnages grotesques récurrents (le sénile Pantalon, le pompeux Docteur, la soubrette astucieuse...) et des « canevas » (schémas d'intrigue) efficaces.

Arlequin est un valet (*zanni*) de Bergame. Son nom est probablement une déformation d'un terme germanique signifiant « diablotin » : le masque d'Arlequin conserve des vestiges de cornes. Ce masque, selon les interprètes, accentue telle ou telle « qualité » du personnage : la gourmandise, la paresse, l'astuce ou au contraire la bêtise. Le costume d'Arlequin est, selon la tradition, confectionné à partir de chutes de costumes, et devient souvent un assemblage de losanges bariolés. Il porte une bouteille à la ceinture, une batte ou un bâton.

C'est un acteur physique : il sait danser, faire des tours d'équilibriste avec une maladresse feinte qui se rétablit par une acrobatie spectaculaire. Personnage exotique pour la tradition française, Arlequin tient du « bon sauvage », en ce sens qu'il est entièrement gouverné par ses instincts primaires (manger, boire), qu'il souhaite avant tout s'amuser et ne prend rien au sérieux. Il peut ainsi lâcher, en toute bonne foi, des vérités crues au mépris de la censure.

Le personnage d'Arlequin figure dans des centaines de pièces (et très souvent chez Marivaux). Dans *L'Île des esclaves,* la présence d'un personnage bouffon, issu d'une tradition populaire,

Genre, action, personnages

détonne dans un univers antique. Au cœur d'une fable destinée à faire réfléchir le public, Marivaux a jeté un personnage de divertissement pur, « nature », sans frein, sans tabou. Le contraste entre ses *lazzi* (bouffonneries) et son discours parfois pompeux est source de comique.

Iphicrate

Son nom signifie en grec « celui qui commande par la force ». Jeune seigneur athénien, il a été élevé avec Arlequin. On ne sait rien de ses éventuelles fonctions ; il s'agit probablement d'un oisif, sorte de « petit marquis » (jeune noble fat, que Molière a souvent moqué, par exemple dans *Le Misanthrope*), transposé dans une Grèce antique imaginaire. Marivaux insiste sur le nom de ce personnage – nom temporairement échangé avec celui d'Arlequin –, de même qu'il place dans la bouche d'Iphicrate un grand nombre d'expressions « de maître » : ordres, interjections (comme le fameux « Hé ! » relevé par Trivelin), impératifs. Iphicrate ne tient pas son pouvoir d'un quelconque charisme, ou d'une qualité intellectuelle ; seule la force physique, symbolisée par l'épée et le gourdin, soutient sa supériorité. Quand la force physique fait défaut (« et le gourdin est dans la chaloupe », scène 1), le pouvoir d'Iphicrate s'effondre.

Euphrosine

Son nom signifie « pleine de joie, de gaieté » ; c'est celui d'une des trois Grâces, divinités de la beauté selon la mythologie grecque. Tout comme Iphicrate, le personnage est peu dessiné, mais il est certain qu'Euphrosine est loin d'être joyeuse dans la pièce, bien au contraire. Sa beauté qui faisait son bonheur à Athènes fait désormais son malheur. Euphrosine s'exprime essentiellement sur un registre plaintif, qui insiste sur les limites de sa résistance physique et mentale (« je ne puis en souffrir davantage », scène 3). Le personnage est donc le versant féminin d'Iphicrate : certains défauts relevés par leurs ex-esclaves sont identiques (vanité, inconséquence, futilité), la coquetterie d'Euphrosine faisant pendant à la violence d'Iphicrate.

Genre, action, personnages

Cléanthis

Son nom se compose de deux mots grecs, *kléos*, « gloire », *anthis*, « fleur ». On peut le traduire par « la fleur glorieuse », ce qui semble ne rien signifier ici. Personnage étrange, Cléanthis mêle une grande énergie nourrie par la rancune, et une certaine perversité, démentie par son retournement final qui paraît assez improbable. Sa violence, en paroles sinon en actes dans certaines mises en scène, son bavardage incessant interrompu par Trivelin, construisent un caractère fort ; les actrices qui interprètent ce rôle sont confrontées à la question de l'empathie qu'elles doivent susciter : le personnage peut devenir pénible. L'écriture de Marivaux est pourtant sans ambiguïté : Cléanthis est un personnage positif quant à l'évolution de l'action.

Trivelin

Le personnage n'est jamais nommé dans la pièce ; à la création, il était sans doute reconnaissable à son costume. Trivelin est lui aussi un *zanni*, valet de *commedia*, bien que généralement d'un rang plus élevé qu'Arlequin. Il provient de cette lignée de valets débrouillards et malins. Un autre Trivelin apparaît chez Marivaux dans *La Double Inconstance*, deux ans avant *L'Île des esclaves*.

Le Trivelin de *L'Île* est un personnage raisonneur, pédagogue. Il n'a pas de caractère propre mais une fonction, celle d'une sorte de médecin de l'âme. Il est la seule autorité de la pièce ; les autres insulaires cités dans la distribution n'ont pas de texte, mais Trivelin leur donne parfois des ordres, comme à des serviteurs de scène. La façon qu'a Trivelin d'organiser le changement de costumes est digne de la dimension « metteur en scène », récurrente chez Marivaux, qui aime donner à un personnage une fonction théâtrale.

De l'esclave de la comédie antique au renouveau moliéresque : le couple maître-valet

Le valet est un personnage essentiel de la comédie, aussi loin qu'on remonte dans la tradition théâtrale. Le théâtre latin, en

Genre, action, personnages

particulier, a mis en scène des histoires de valets menteurs, truqueurs, sauveteurs de leur maître mais experts en l'art d'y trouver leur compte. L'esclave antique possède, dès l'origine, une débrouillardise impressionnante, condition de sa survie.

Une bonne partie des activités d'un valet de comédie au XVIIe siècle consiste à aider son maître dans ses intrigues, en particulier amoureuses. Le valet introduit aussi un effet de contraste entre sa personnalité souvent haute en couleurs et celle d'un maître plus policé. Le maître peut être plus astucieux que le valet (*Dom Juan*) ou se faire mener par lui (*Les Fourberies de Scapin*) : Molière a imposé de nombreux modèles.

Les « esclaves » de Marivaux possèdent de nombreuses caractéristiques typiques de leur état : une superbe faculté d'observation ; une grande liberté de langage ; un « bon fond » ; pour Arlequin, les défauts de gourmandise et de paresse, pour Cléanthis, l'envie et la jalousie.

L'Île des esclaves propose deux couples en crise. Dès lors qu'Arlequin ne reconnaît plus l'autorité *naturelle* du maître, le couple est détruit. Mais Arlequin ne cesse pas pour autant de se comporter comme auparavant, cherchant à contenter son appétit : chez Marivaux, la condition sociale n'est qu'une couche conventionnelle, le caractère inné déborde du costume. Dans *Le Jeu de l'amour et du hasard*, Marivaux introduira dans un salon Arlequin vêtu en maître, suite à un échange de rôles (et de noms) : la première préoccupation du faux Dorante sera de savoir où est la cuisine.

Le système des personnages dans L'Île des esclaves

Les cinq personnages de l'œuvre peuvent s'organiser de différentes façons : selon les sexes (deux femmes, trois hommes), les conditions sociales (deux maîtres, trois esclaves), l'origine géographique (un insulaire, quatre naufragés). Il se crée dans chacun de ces cercles un système de solidarité, qui joue un rôle dramatique essentiel.

La première est une solidarité « de classe » : Arlequin et Cléanthis mènent la danse, avec l'accord de Trivelin. Lorsque

Genre, action, personnages

Trivelin parle du « sexe [féminin] naturellement assez faible » (scène 3), il tente de créer une solidarité entre les femmes, mais la distance sociale est bien trop grande et Cléanthis rejette ce lien.

La solidarité des naufragés en tant que groupe d'exilés ne résiste pas non plus à la différence de condition ; mais à la fin, après la réconciliation, le groupe renaît, solidaire, prêt à repartir pour Athènes.

Un cercle semble manquer : celui des couples amoureux. L'idée qu'Arlequin épouse Euphrosine et que Cléanthis épouse Iphicrate s'effondre à la première tentative. L'amour n'est pas, dans *L'Île des esclaves*, un moteur dramatique de premier plan ; c'est le désir d'Arlequin – et son refus par Euphrosine – qui crée l'événement déclencheur sur la voie de l'équilibre final.

Tous ces réseaux sont utilisés par Trivelin dans son dessein thérapeutique. La sagesse qu'il distille est propagée par des êtres, et non seulement par des raisonnements. Le lien privilégié entre Arlequin et Iphicrate (ils ouvraient la pièce, ils sont le couple majeur) permet à ce couple d'être initié le premier, avant Cléanthis. Ensuite, la guérison se propage de proche en proche.

L'œuvre : origines et prolongements

DANS LES PREMIERS MOIS DE 1725, Marivaux écrit *L'Île des esclaves* qui emprunte à la fois à la tradition italienne et à la mode des récits de voyage, mais surtout puise son inspiration dans le courant philosophique des Lumières naissantes.

La tradition italienne

LES COMÉDIENS-ITALIENS ont presque toujours été présents dans la capitale depuis leur venue avec Catherine de Médicis au siècle précédent. Chassés par Louis XIV en 1697, revenus en 1716 à la demande du Régent, les Italiens ne sont pas des comédiens vulgaires, seulement dignes de parades sur des tréteaux de fortune.
Ils possèdent un patrimoine, une tradition, une culture. Leur technique, basée sur l'improvisation et la construction de personnages très typés, s'appelle la *commedia dell'arte*. Les valets se nomment Arlequin, Mezzetin, Trivelin, Frontin, Scaramouche et Polichinelle. Lélio et Mario sont les amoureux, Angélique et Silvia les amoureuses. On y croise des soldats fanfarons et lâches, des docteurs pédants, des vieillards séniles et libidineux. L'amour triomphe, aidé par les valets astucieux au service des jeunes gens. Coups de pieds au derrière, grivoiseries, bouteilles vidées sont monnaie courante.

LA FARCE lourde côtoie la critique sociale. Ces comédiens, comme plus tard le café-théâtre, s'emparent des sujets d'actualité et les mêlent à leurs intrigues, faisant rire le public par des allusions et des pastiches. En 1720, Marivaux a proposé aux Italiens *Arlequin poli par l'amour* qui a obtenu un vif succès. Le personnage d'Arlequin réapparaît sous sa plume dans *La Double Inconstance* (1722), qui triomphe, puis dans *Le Prince travesti* et *La Fausse Suivante*, tous deux représentés en 1724. Trois mois seulement séparent *L'Île des esclaves* de sa pièce précédente, *Le Dénouement imprévu*, jouée par les Comédiens-Français.

L'œuvre : origines et prolongements

Littérature et voyage

LA FICTION LITTÉRAIRE a toujours apprécié les récits de voyage. Les pérégrinations d'un héros ou d'un groupe de héros dans des contrées inconnues reflètent les préoccupations humaines les plus profondes : pourquoi l'être humain a-t-il le goût de voyager, le désir d'aventures ? Les voyages font reculer les frontières de l'inconnu. Ils opposent l'homme à un univers souvent hostile – et parfois à ses semblables. On songe naturellement à *L'Odyssée*, mais aussi à l'équipée d'Argos en quête de la Toison d'or, aux chevaliers de la Table ronde à la recherche du Graal. Le récit de Marco Polo, traversant l'Asie du XIIIe siècle pour rejoindre la Chine, a fait rêver plus d'un lecteur.

AVEC LES GRANDES DÉCOUVERTES des XVe et XVIe siècles qui ont modifié la carte du monde, la littérature a renouvelé cet imaginaire en en modifiant considérablement les données. L'Européen a brutalement appris qu'il existait au-delà de l'Atlantique un continent entier habité par une civilisation séculaire restée à l'écart de la grâce chrétienne. Ensuite, les découvertes des îles du Pacifique et de l'Australie ont parachevé l'immensité du globe. Les nouveaux mondes ne sont pas des lieux habités par des monstres et autres cyclopes : ils peuvent aussi contenir les vestiges d'un paradis perdu. Le mythe du bon sauvage non perverti par la société des hommes naît avec les premiers retours de *conquistadores*. Le voyageur, pétri de ses certitudes (en particulier religieuses) et imbu de sa supériorité, était parti chercher outre-mer les preuves de cette supériorité ; la rencontre d'autres civilisations, d'autres systèmes politiques et religieux, remet en cause ces principes.

Le voyage philosophique

DANIEL DEFOE, un Anglais quasi inconnu, publie en 1719 un roman tout à fait original : *Robinson Crusoé*. Le succès est énorme dans toute l'Europe. Il est à l'origine d'une forme littéraire dont s'inspire *L'Île des esclaves* : le voyage initiatique. Le personnage de Robinson, seul dans une île pendant vingt-huit

L'œuvre : origines et prolongements

années, fait réfléchir à la condition de l'homme, à sa solitude intrinsèque. Robinson réinvente tout : l'agriculture, la menuiserie, l'élevage et son rapport à Dieu, la Bible étant son seul livre. Enfin, quand il sauve de la mort le sauvage Vendredi, les thèmes de l'altérité, de l'amitié, de la relation maître-serviteur font leur apparition.

MONTESQUIEU fait paraître en 1721 les *Lettres persanes.* Par un effet de miroir inversé, le voyageur est cette fois un Persan visitant la France ; ses lettres à un ami resté en Perse décrivent son étonnement devant les mœurs françaises. Montesquieu était très proche de Marivaux ; les descriptions de la noblesse française, des salons, des Parisiens et du parisianisme subissent l'influence du Marivaux journaliste (*Lettres sur les habitants de Paris*, 1718).

JONATHAN SWIFT publie en 1727 *Les Voyages de Gulliver*, vaste roman parodique qui échappe à toute classification. Gulliver débarque successivement sur un territoire peuplé d'êtres minuscules (*Lilliput*) puis d'êtres gigantesques (*Brobdingnag*), croise une île volante (*Laputa*) et rencontre enfin la société idéale, inventée par des êtres supérieurs : les chevaux (les *Houyhnhnms*), tandis que les humains (les *Yahoos*) sont des êtres méprisables.

ENTRE 1719 ET 1727 des dizaines de romans, de pièces, de faux journaux de bord, de parodies reprennent le thème du naufragé sur l'île – qui n'est pas toujours déserte. L'idée d'une différence de taille est immédiatement reprise par Marivaux dans *L'Île de la raison* (septembre 1727) : Marivaux invente une île où la grandeur de chacun est proportionnelle à sa raison ; il faudra, comme dans *L'Île des esclaves*, que les petits marquis et autres comtesses reconnaissent leurs ridicules pour retrouver une taille normale. À noter que là aussi les valets sont les premiers à devenir raisonnables ; notons également que le personnage du philosophe, imbu de ses systèmes et se sentant supérieur, refuse toute humiliation et reste un insecte minuscule ! Voltaire, paraît-il, n'apprécia pas.

L'œuvre : origines et prolongements

L'île : utopie ou ironie ?

L'IDÉE que les humains puissent découvrir des « paradis perdus » n'est donc pas, à l'époque de Marivaux, bien originale. Par définition isolée et coupée des tourbillons du monde occidental, l'île est le lieu d'utopie par excellence. La critique de la société occidentale, et en particulier de la religion, demeure dangereuse : placer dans un lieu lointain une société différente de la nôtre permet de la critiquer en toute liberté. Il existe donc deux types d'inventions utopiques tout à fait opposées. La civilisation inventée peut être pire que la nôtre, ou tout au moins équivalente : c'est le cas quand Swift fait s'opposer, à Lilliput, les « gros-boutistes » aux « petits-boutistes ». Les premiers mangent leur œuf à la coque en cassant d'abord le gros bout, les autres le petit bout ; ces adeptes se haïssent et s'entretuent. Swift se moque évidemment de sectaires religieux, les catholiques et les anglicans qui mettent l'Angleterre (et pas seulement) à feu et à sang. Le conflit semble d'autant plus ridicule qu'il oppose des êtres minuscules.

LA CIVILISATION INSULAIRE peut être, à l'inverse, idéale. L'auteur confronte alors le voyageur avec une société harmonieuse, parfois très élaborée, parfois à l'état de nature, c'est-à-dire paradisiaque. L'objectif demeure de comparer cette société idéale à la société occidentale, pervertie, médiocre, injuste.

Le théâtre s'empare du thème

LA SCÈNE possède de bons atouts pour représenter des lieux exotiques ou imaginaires : quelques toiles peintes, quelques phrases, et le décor est planté. La mode, en ce début de XVIIIe siècle, est à l'orientalisme. Galland a traduit les *Mille et Une Nuits*, entre 1704 et 1717. Les scènes s'encombrent de bayadères, d'éventails et de soieries indiennes. À l'Opéra, des ballets chinois, indiens ou tahitiens entrecoupent des intrigues franchement exotiques.

L'œuvre : origines et prolongements

LE THÉÂTRE POPULAIRE, celui de la farce, ne pouvait rester indifférent : quoi de plus facile à moquer que cette mode ? On ne compte pas les parodies, parades, comédies chantées, qui ridiculisent ce goût pour l'Orient ou pour les Indes occidentales (l'Amérique). Sous la plume de Lesage est d'ailleurs paru en 1713 *Arlequin roi de Serendib* et en 1721 *Arlequin dans l'île des Amazones*. Ces pièces sont des farces légères et sans prétention. On connaît la curiosité de Marivaux pour les modes de son époque. Journaliste, il a publié des saynètes parisiennes, des critiques de spectacle. Comme tout le monde, il a lu *Robinson Crusoé* et a vu l'adaptation jouée sur les tréteaux de la foire Saint-Germain. Marivaux parvient avec *L'Île des esclaves* à équilibrer les données si différentes de la farce (Arlequin), de la comédie de caractères (Cléanthis), de la quête initiatique et morale (Trivelin).

La franc-maçonnerie au XVIIIe *siècle*

AU COURS DU XVIIe SIÈCLE en Angleterre et en Écosse se sont créés des cercles de réflexion philosophique et politique. Dirigés par des nobles du plus haut rang, ils refusent les querelles de religion qui déchirent l'Angleterre, même après la restauration de 1684. Les débats de nature philosophique portent sur les liens entre pouvoir temporel et pouvoir spirituel, sur le progrès scientifique, sur les innovations technologiques et économiques. Ces lieux de réflexion prennent le nom de « loges ». En 1717 à Londres, une première unification rassemble quatre loges londoniennes sous le nom de Grande Loge. En 1721, elle essaime en France, à Dunkerque. En 1723 paraît très ouvertement *Les Constitutions*, rédigé par le pasteur écossais James Anderson et le Français émigré Jean Théophile Désaguliers. À la fin des années 1730, la France, l'Angleterre, mais aussi l'Allemagne et la Hollande voient s'ouvrir des dizaines de loges maçonniques. Montesquieu, ami de Marivaux, en est d'ailleurs un fervent propagandiste.

L'œuvre : origines et prolongements

Les liens entre les loges maçonniques anglaises et les salons parisiens sont immédiats et réguliers : la famille royale écossaise en exil a longtemps été hébergée par la France. Alors que Marivaux écrit *L'Île des esclaves*, il fréquente le salon de Mme de Tencin à quelques pas d'une loge parisienne qui débat de sujets comme le bonheur humain, le progrès social, la lutte contre la pauvreté... On ignore les liens exacts de Marivaux avec ces loges nouvelles, mais un grand nombre de ses amis sont des maçons notoires.

La franc-maçonnerie a sacralisé la notion d'initiation : l'être humain, tout au long de sa vie, subit un certain nombre d'épreuves sur la voie de la sagesse et de la sérénité. L'épreuve (Marivaux a donné ce titre à une de ses comédies, mais presque toutes pourraient le porter) est au centre d'un processus long et complexe, qui doit faire appréhender la vérité de la façon la plus profonde possible : par l'intellect, par l'intuition, par le cœur ; ce qui est exactement le procédé recherché par Trivelin dans *L'Île des esclaves*.

La traite des Noirs

La découverte de l'Amérique et le massacre des populations amérindiennes par les *conquistadores* ont eu une conséquence immense sur l'Afrique. Pour travailler dans les mines, les Occidentaux décidèrent l'importation d'une main-d'œuvre africaine. L'esclavage en Afrique n'est pas une invention de l'Occident, la déportation non plus : depuis des siècles, l'Orient importe des caravanes d'esclaves vers la corne de l'Afrique, Zanzibar, l'Arabie, le Yémen. Mais lentement la caravelle va détrôner la caravane.

Le commerce « triangulaire » s'impose comme le système le plus rentable. Des bateaux chargés de produits européens quittent les ports de Lisbonne, Séville, Bristol, Liverpool, Amsterdam, Nantes, Bordeaux, La Rochelle... Arrivés sur les côtes africaines, les produits sont échangés contre des esclaves auprès de trafi-

L'œuvre : origines et prolongements

quants, sous la coupe de royaumes côtiers. Les esclaves sont généralement des prisonniers de guerre ou des criminels. Après la traversée de l'Atlantique, dans des conditions éprouvantes qui touchent la « cargaison humaine » (jusqu'au tiers de pertes) mais aussi les marins (environ 12 % ne résistent pas non plus), les esclaves sont revendus aux enchères dans des comptoirs coloniaux, dans les îles Caraïbes (Cuba, Saint-Domingue, Haïti, la Jamaïque), au Brésil ou dans les colonies anglaises d'Amérique du Nord. On estime qu'une douzaine de millions d'Africains sont arrivés vivants de l'autre côté de l'Océan.

LE COMMERCE NÉGRIER entre dans sa phase la plus intense lorsque Marivaux écrit *L'Île des esclaves*. L'échec récent de la Compagnie française des Indes occidentales pousse des investisseurs privés à tenter l'aventure hors de tout contrôle de l'État : c'est le moment où le port de Nantes envoie des dizaines de bateaux au-delà des mers et où naît, dans l'arrière-pays nantais, une industrie de transformation des produits coloniaux. Le sucre, le café, le chocolat, les épices sont devenus des produits courants. Les fortunes se font et se défont dans ces voyages à haut rendement mais à haut risque.

CE TRAFIC HUMAIN ne se fait pas sans protestation. Les mouvements abolitionnistes naissent dès le XVIIe siècle, d'abord en Angleterre, et sont propagés par les loges maçonniques. La France sera d'ailleurs le premier pays au monde à abolir l'esclavage en 1794, sur l'impulsion d'un conventionnel proche de Diderot, l'abbé Grégoire. Poussé par le lobby négrier, Napoléon le rétablira en 1803.

Philosophie et morale : la recherche du bonheur

BIEN QUE L'EMPLOI de l'expression « les Lumières » soit bien plus tardif, il est évident que le début du XVIIIe siècle voit apparaître de nouvelles pensées, de nouvelles préoccupations, philosophiques, économiques, scientifiques, morales. Avec la fragilisation des dogmes religieux, conséquence directe des guerres de

L'œuvre : origines et prolongements

religion, l'homme des années 1720 accepte d'explorer des systèmes philosophiques nouveaux dans lesquels la religion n'est plus la base indiscutable. Dieu est absent de *L'Île des esclaves*.

LE PHILOSOPHE des années 1720 se mêle à la fois d'économie, d'histoire, de science et de politique, tel Voltaire qui publie une *Histoire de Charles XII* (1731) et les *Lettres philosophiques* (1734). Philosophie et politique sont examinées avec la mise à distance consécutive aux travaux du génie scientifique de la période, Newton (mort en 1727). Désormais se répand l'idée que le bonheur est un droit aussi fondamental que celui de boire et manger ; le bonheur sur cette terre, et pas dans un paradis hypothétique. Les systèmes de pensées se construisent et s'opposent (Leibniz, Locke, Malebranche, Spinoza...). Les notions de bien et de mal ne sont plus jugées à la seule aune de l'Écriture sainte.

MARIVAUX, dans *L'Île des esclaves*, propose un « contrat social » avant Rousseau. Si l'auteur ne remet pas en cause la nécessité d'une hiérarchie sociale, il prévient que cette hiérarchie est le fruit du hasard et ne reflète en rien une quelconque supériorité innée de la classe dominante. L'harmonie sociale est obtenue dès lors que les hommes respectent les trois qualités fondamentales expliquées par Cléanthis (scène 10) : « il faut avoir le cœur bon, de la vertu et de la raison ».

Un héritage d'abord littéraire

LE THÉÂTRE DU XVIIIE siècle français repose essentiellement sur deux noms : Marivaux et Beaumarchais. D'autres auteurs ont connu de grands succès par leur théâtre, comme Voltaire, célèbre en son temps pour ses tragédies aujourd'hui presque oubliées, ou Rousseau, auteur d'un *Devin du village* (1752) et autres bergeries. C'est surtout chez Diderot que se ressent l'influence de Marivaux. On peut voir dans *L'Île des esclaves* une amorce du théâtre pathétique, voire mélodramatique, qui fera les délices des scènes de la seconde moitié du siècle. Après tout, *L'Île des esclaves* est une pièce de « bons sentiments », qui cherche à

L'œuvre : origines et prolongements

émouvoir aussi bien qu'à convaincre. On s'embrasse, on se fâche et on se réconcilie dans les larmes.

SAINTE-BEUVE, au XIXe siècle, parle de *L'Île des esclaves* comme d'une sorte de « bergerie révolutionnaire », faisant allusion à ces pièces d'appartement dans lesquelles la haute société se plaisait à refaire le monde, dans une mièvrerie qui n'a rien à voir avec la violence révolutionnaire.

L'Île des esclaves *dans la perspective révolutionnaire*

LES ÉVÉNEMENTS survenus en France à la fin du XVIIIe siècle influencent grandement notre lecture des textes qui semblent remettre en question l'ordre social de l'Ancien Régime. Mais le chemin est encore long qui mène à la Révolution française.

LORSQUE TRIVELIN explique l'histoire de l'île des esclaves, il prévient qu'à l'origine, les esclaves révoltés tuaient tous les maîtres qu'ils capturaient : « vingt ans après, la raison abolit [cette loi], et en dicta une plus douce » (scène 2). Ce passage fait aujourd'hui frémir, dans la perspective historique du XVIIIe siècle. Il y eut effectivement un massacre des maîtres après 1789 ; la guillotine a incarné longtemps l'esprit de vengeance. Transformer les esclaves en maîtres et les maîtres en esclaves n'est pas qu'une idée littéraire.

LES EXPÉRIENCES POLITIQUES du XXe siècle sont malheureusement nombreuses : on songe aux « intellectuels bourgeois » cambodgiens ou chinois contraints de quitter la ville pour travailler dans les champs, et bien sûr aux millions de déportés ou de tués dans la Russie soviétique. Le chemin vers l'harmonie, construite par le cœur, la vertu et la raison, paraît plus que jamais fort improbable.

L'utopie de l'harmonie sociale

LA MORALE du film de Fritz Lang, *Metropolis* (1927), symbolise bien cette ambiguïté : « Le cœur doit être le médiateur entre le

L'œuvre : origines et prolongements

cerveau et la main. » À la fin du film, le représentant des ouvriers et le grand patron de Metropolis se serrent la main, sous l'autorité de la jeune femme, qui symbolise l'amour. Le Travail et l'Autorité décident d'avancer ensemble, unis par l'Amour... « Je ne croyais déjà pas à cette fin quand je l'ai filmée, dit Fritz Lang au soir de sa vie. Je n'y crois pas davantage maintenant. »

L'œuvre et ses représentations

L'œuvre à sa création

La distribution

La première a lieu le lundi 5 mars 1725. Marivaux a écrit pour une troupe existante et avait donc en tête les interprètes. Tomaso Vicentini, dit Thomassin, joue Arlequin. Acteur agile et très physique, il s'exprime, comme toute la troupe, dans un français correct – ce qui n'empêche pas de temps à autre des improvisations dans un charabia originaire de Bergame. Iphicrate est interprété par Mario, spécialiste des rôles de second jeune premier, de frère, de soldat. Mais les spectateurs viennent surtout pour admirer l'étoile montante du Théâtre-Italien, Gianetta Benozzi, dite Silvia. Née en 1701, belle, actrice admirable, elle apprend son métier dans des rôles de seconde amoureuse et devient très vite l'attraction de la troupe. Marivaux a écrit de nombreux rôles pour elle, le plus célèbre étant celui du *Jeu de l'amour et du hasard*.

L'Île des esclaves *au XVIIIe siècle*

L'Île des esclaves a toujours connu un grand succès. Du vivant de Marivaux elle était régulièrement reprise. La légèreté de la distribution (deux femmes, trois hommes) permettait de la présenter comme complément de programme. Devenue rapidement un classique, la pièce attirait le public et permettait de programmer une nouvelle pièce de l'auteur, tout en garantissant une certaine rentabilité de la représentation.

L'Île des esclaves *aux XIXe et XXe siècles*

Chaque époque a choisi, dans l'œuvre de Marivaux, les pièces qui lui convenaient, au risque de commettre des contresens. Le XIXe siècle a ainsi préféré les « grandes » pièces de Marivaux, celles en trois actes ou plus ; le XXe siècle a redécouvert les pièces en un acte. *L'Île des esclaves* est entrée au répertoire de la Comédie-Française en 1939, mais ce sont les années 1960 qui se sont réellement intéressées à la portée critique, voire révolutionnaire de l'œuvre, avec les partis pris idéologiques de l'époque.

L'œuvre et ses représentations

Les mises en scène des années 1990 et 2000 sont très variées : il y a peu de pièces qui puissent provoquer des lectures aussi différentes. Depuis une dizaine d'années, la pièce est jouée à Paris de façon quasi continue, parfois dans deux ou trois théâtres simultanément.

Mises en scène et partis pris

Face à un objet théâtral aussi dense, les metteurs en scène s'orientent vers des lectures bien différentes, privilégiant la comédie, la fable humaniste ou le message révolutionnaire.

Gilbert Blin

En 1984, Gilbert Blin présente à Châtenay-Malabry une magnifique trilogie avec trois comédies en un acte de Marivaux, *L'Héritier de village*, *Le Dénouement imprévu* et *L'Île des esclaves*. Cette dernière mise en scène, inspirée de Mozart, met Iphicrate et Arlequin devant trois portes très hautes et très étroites, comme Tamino et Papageno dans *La Flûte enchantée* (1791) ; au fronton de chacune des portes, un symbole maçonnique (équerre, compas, œil) rappelle que les épreuves contenues dans la fable humaniste de Marivaux ont un objectif unique : la construction d'un équilibre ; le spectateur choisira s'il est social ou mental (ou les deux). Le thème de l'illusion théâtrale, cher à ce metteur en scène, est rappelé par un décor visiblement fragile, en carton peint. Dans le spectacle, Trivelin est aveugle et porte une colombe sur le poignet. Cléanthis bute sur les mots, hésite, craque. Arlequin troque son masque de cuir et dévoile une figure de valet sentimental et bouffon.

Élisabeth Chailloux

La mise en scène d'Élisabeth Chailloux au Théâtre des Quartiers d'Ivry (1994) propose une version plus classicisante. Préciosité des lumières, costumes 1725 impeccables, présence de comédiens noirs (Isaach de Bankolé, Émile Amossolo Mbo) font paradoxalement de cette *Île* un lieu utopique, dont on doute de la réalité. Les combats verbaux sont violents mais feutrés : après

L'œuvre et ses représentations

la guerre des sexes dans sa *Surprise de l'amour*, Élisabeth Chailloux aborde la guerre entre maîtres et serviteurs comme un conflit éternel, sans solution, sans espoir. L'accord final n'est plus qu'une trêve, fragile.

Giorgio Strehler

En 1995, le grand metteur en scène italien Giorgio Strehler présente à l'Odéon une *Île des esclaves* qui fait date. Strehler a habitué son public à une perfection esthétique ; les décors d'Ezio Frigerio rassemblent les éléments de l'univers baroque et illusionniste de Strehler (toiles peintes, fronton néo-classique, tempête montrée en ombre chinoise, velum translucide sur lequel est peint une nature exotique) de même que les costumes et accessoires : Arlequin (Massimo Ranieri) porte, comme toujours, le masque de cuir ; les costumes sont historiquement précis. Mais c'est surtout le jeu des comédiens qui donne à la pièce sa richesse. La tradition italienne de la *commedia dell'arte* perturbe, avec ses *lazzi*, ses bouffonneries, la tradition française (la pièce est jouée en italien, mais le comédien incarnant Trivelin parle en français). Comme toujours chez Strehler les jeux de scène physiques sont nombreux, tels les morceaux de bravoure d'Arlequin ; quand l'action se fait intime et forte, le temps paraît comme suspendu et la scène s'emplit de gravité et d'émotion, chaque mot prenant un sens nouveau dans une soirée d'enchantement.

Christophe Boudé

La mise en scène de Christophe Boudé au Lucernaire en 1996 fit le tour des centres culturels français en Afrique et fut jouée une dizaine d'années. Trois artistes de capoeira, ce jeu de lutte brésilienne directement inspiré de la lutte pour l'émancipation des Noirs, incarnent les insulaires de *L'Île des esclaves*. Percussionnistes au son du berimbau, danseurs, les *capoeiristes* créent un contrepoint avec l'univers XVIIIe siècle des petits marquis pomponnés, tel Iphicrate, tandis que les valets portent les costumes atemporels des pauvres. Trivelin est un fonctionnaire inquié-

L'œuvre et ses représentations

tant dans un costume paramilitaire blanc chamarré, évoquant certains dictateurs post-coloniaux. Enfin, l'espace théâtral, vide, ne contient que les accessoires vestiges du naufrage du début, autour d'une aire de jeu ronde (*roda*), lieu d'affrontement. Jeu et mise en scène insistent sur le message de liberté, tandis que l'arrière-plan rappelle l'enjeu économique et (in)humain de la traite négrière.

Irina Brook

Gilbert Blin choisit clairement le chemin de l'émotion intellectuelle, contrairement à Irina Brook dans son spectacle présenté au Théâtre de l'Atelier en 2005 : cette fois, la pièce est située dans un XXe siècle imprécis (le bateau est remplacé par un avion, des accessoires de ski emplissent les valises sorties de la soute, Trivelin tape son rapport sur une machine à écrire des années 1950). La pièce s'enrichit de *lazzi*, de jeux de scène et d'improvisations issues de la comédie musicale ou du music-hall. Les comédiens ont des maquillages clownesques et un jeu souvent bouffon. Alex Descas, qui interprète Trivelin, est antillais : c'est le seul lien avec l'esclavage et la traite négrière, car la diction de ce personnage est sèche et précise, à l'image d'un pédagogue affublé de petites lunettes d'intellectuel. La subtilité de la mise en scène empêche de se faire une idée précise de l'utopie marivaudienne, dont le théâtre est une composante majeure.

Catherine Mongodin (Euphrosine) et Nathalie Newton (Cléantis).
Mise en scène de Élisabeth Chailloux,
Théâtre des Quartiers d'Ivry, 1996.

Émile Abossolo MBo et Catherine Mongodin.
Mise en scène de Élisabeth Chailloux,
Théâtre des Quartiers d'Ivry, 1996.

L'Île des esclaves au Théâtre de l'Atelier.
Mise en scène de Irina Brook, 2005.

Sidney Wernicke et Fabio Zenomi dans *L'Île des esclaves*
au Théâtre de l'Atelier.
Mise en scène de Irina Brook, 2005.

L'œuvre à l'examen

SUJET 1

Objet d'étude : les Lumières
(première, toutes sections).

À l' *écrit*

Corpus bac : la condition sociale

TEXTE 1

L'Éducation d'un Prince (1754), Marivaux.

Texte tardif de Marivaux, L'Éducation d'un prince *parut dans le* Mercure *de décembre 1754. Il s'agit d'un dialogue inachevé entre un prince, Théodose (« don de Dieu »), et son précepteur, Théophile (« qui aime Dieu »). Il ne s'agit pas d'un texte théâtral, mais d'un texte pédagogique écrit sous la forme d'un dialogue théâtral.*
La conversation glisse sur les prérogatives du prince et sa supériorité « naturelle ».

THÉODOSE. Me tromperais-je quand je me croirai plus que les autres hommes ?

THÉOPHILE. Non, dans un sens, vous êtes infiniment plus qu'eux ; dans un autre, vous êtes précisément ce qu'ils sont.

THÉODOSE. Précisément ce qu'ils sont ! quoi ! le sang dont je sors...

THÉOPHILE. Est consacré à nos respects, et devenu le plus noble sang du monde ; les hommes se sont fait et ont dû se faire une loi inviolable de le respecter ; voilà ce qui vous met au-dessus de nous. Mais dans la nature, votre sang, le mien, celui de tous les hommes, c'est la même chose ; nous le tirons tous d'une source commune ; voilà par où vous êtes ce que nous sommes.

L'œuvre à l'examen

THÉODOSE. À la rigueur, ce que vous dites là est vrai ; mais il me semble qu'à présent tout cela n'est plus de même, et qu'il faut raisonner autrement ; car enfin pensez-vous de bonne foi qu'un valet de pied, qu'un homme du peuple est un homme comme moi, et que je ne suis qu'un homme comme lui ?

THÉOPHILE. Oui, dans la nature.

THÉODOSE. Mais cette nature, est-il ici question d'elle ? comment l'entendez[1]-vous ?

THÉOPHILE. Tout simplement ; il ne s'agit pas ici d'une pensée hardie, je ne hasarde rien[2], je ne fais point le philosophe et vous ne me soupçonnez pas de vouloir diminuer de vos prérogatives ?

THÉODOSE. Ce n'est pas là ce que j'imagine.

THÉOPHILE. Elles me sont chères, parce que c'est vous qui les avez ; elles me sont sacrées, parce que vous les tenez, non seulement des hommes, mais de Dieu même ; sans compter que de toutes les façons de penser, la plus ridicule, la plus impertinente et la plus injuste serait de vouloir déprimer[3] la grandeur de certaines conditions absolument nécessaires. Mais [...] je parle en homme qui suit les lumières du bon sens le plus ordinaire, et la peine que vous avez à m'entendre vient de ce que je vous disais tout à l'heure, qui est que dans le rang où vous êtes on ne sait pas trop pour qui l'on se prend ; ce n'est pas que vous ayez eu encore à faire aux flatteurs, j'ai tâché de vous en garantir, vous êtes né d'ailleurs avec beaucoup d'esprit ; cependant l'orgueil de ce rang vous a déjà gagné ; vous ne vous connaissez déjà plus, et cela à cause de cet empressement qu'on a pour vous voir, de ces respects que vous trouvez sur votre passage ; il n'en a pas fallu davantage pour vous jeter dans une illusion, dont je suis sûr que vous allez rire vous-même.

---

1. **Entendre :** comprendre, expliquer.
2. **Hasarder :** lancer des paroles à la légère.
3. **Déprimer :** diminuer, rabaisser.

L'œuvre à l'examen

THÉODOSE. Oh ! je n'y manquerai pas, je vous promets d'en rire franchement si j'ai autant de tort que vous le dites ; voyons, comment vous tirerez-vous de la comparaison du valet de pied ?

THÉOPHILE. Au lieu de lui, mettons un esclave.

THÉODOSE. C'est encore pis.

Théophile se lance dans une narration. Il était une fois un prince si orgueilleux qu'il ne daignait parler à personne. Il vantait sans cesse la « supériorité naturelle » de son sang. Pour le guérir, son père eut recours à un stratagème. Lors de la naissance d'un fils du prince, il procéda à un échange : un enfant d'esclave prit place à côté du bébé royal dans le berceau. Le prince exige qu'on lui dise qui est le véritable enfant royal. Son père lui répondit ainsi :

THÉOPHILE. « Faites-vous réflexion de ce que vous me demandez ? est-ce que la nature n'a point marqué votre fils ? si rien ne vous l'indique ici, si vous ne pouvez le retrouver sans que je m'en mêle, eh ! que deviendra l'opinion superbe que vous avez de votre sang ? il faudra donc renoncer à croire qu'il est d'une autre sorte que celui des autres, et convenir que la nature à cet égard n'a rien fait de particulier pour nous. »

THÉODOSE. Il avait plus d'esprit que moi, s'il répondit à cela.

THÉOPHILE. L'histoire nous rapporte qu'il parut rêver un instant, et qu'ensuite il s'écria tout d'un coup : « Je me rends, seigneur, c'en est fait : vous avez trouvé le secret de m'éclairer ; la nature ne fait que des hommes et point de princes : je conçois maintenant d'où mes droits tirent leur origine, je les faisais venir de trop loin, et je rougis de ma fierté passée. »

Théodose est ému par l'exemple. Théophile tire la conclusion de cette histoire.

THÉOPHILE. Il y a des gens qui s'imaginent qu'un sang transmis par un grand nombre d'aïeux nobles, qui ont été élevés dans la fierté de leur rang ; ils s'imaginent, dis-je, que ce sang, tout venu qu'il est d'une source commune, a acquis en passant,

L'œuvre à l'examen

de certaines impressions qui le distinguent d'un sang reçu de beaucoup d'aïeux d'une petite condition ; et il se pourrait bien effectivement que cela fît des différences. Mais ces différences sont-elles avantageuses ? produisent-elles des vertus ? contribuent-elles à rendre l'âme plus belle et plus raisonnable ?

TEXTE 2

> *Discours sur l'origine de l'inégalité parmi les hommes* (1754), Jean-Jacques Rousseau. Conclusion.

J'ai tâché d'exposer l'origine et le progrès de l'inégalité, l'établissement et l'abus des sociétés politiques, autant que ces choses peuvent se déduire de la nature de l'homme par les seules lumières de la raison, et indépendamment des dogmes sacrés qui donnent à l'autorité souveraine la sanction du droit divin. Il suit de cet exposé que l'inégalité, étant presque nulle dans l'état de nature, tire sa force et son accroissement du développement de nos facultés et des progrès de l'esprit humain et devient enfin stable et légitime par l'établissement de la propriété et des lois. Il suit encore que l'inégalité morale, autorisée par le seul droit positif, est contraire au droit naturel, toutes les fois qu'elle ne concourt pas en même proportion avec l'inégalité physique ; distinction qui détermine suffisamment ce qu'on doit penser à cet égard de la sorte d'inégalité qui règne parmi tous les peuples policés ; puisqu'il est manifestement contre la loi de nature, de quelque manière qu'on la définisse, qu'un enfant commande à un vieillard, qu'un imbécile conduise un homme sage et qu'une poignée de gens regorge de superfluités, tandis que la multitude affamée manque du nécessaire.

TEXTE 3

> *L'Île des esclaves*, scène 10, tirade de Cléanthis.

L'œuvre à l'examen

SUJET

a. Question préliminaire (sur 4 points)

Quel est l'enjeu commun à ces trois textes ?

b. Travaux d'écriture (sur 16 points) – au choix

Sujet 1. Commentaire.

Vous ferez le commentaire de l'extrait de *L'Éducation d'un prince*.

Sujet 2. Dissertation.

Quel rôle jouent le « sens commun » et la « loi de nature » dans les discours philosophiques cités dans le corpus ?

Sujet 3. Écriture d'invention.

Imaginez un dialogue, sous la forme d'une interview, entre vous et J.-J. Rousseau, autour de la sortie de son dernier ouvrage, *Discours sur l'origine de l'égalité parmi les hommes*.

Documentation et compléments d'analyse sur :
www.petitsclassiqueslarousse.com

L'œuvre à l'examen

SUJET 2

Objet d'étude : l'argumentation
et la délibération (première, toutes sections).

Corpus bac : trois utopies de taille

TEXTE 1

Les *Voyages de Gulliver* (1726), Jonathan Swift.
Traduit de l'anglais par Guillaume Villeneuve.
Chapitre III : « voyage à Brobdingnag ».

Après un voyage au pays des minuscules Lilliputiens, Gulliver a débarqué dans un pays, Brobdingnag, où hommes, animaux et choses sont douze fois plus grands qu'en Angleterre. Le voilà donc considéré comme une sorte d'insecte.

Sa Majesté envoya chercher trois grands savants alors de service hebdomadaire à la Cour (selon la coutume du pays). Ces messieurs, après un examen très scrupuleux, étaient d'avis fort différents à mon égard. Ils convenaient tous que je ne pouvais avoir été créé selon les lois régulières de la Nature ; parce que j'étais incapable de me défendre, soit par ma rapidité, soit en grimpant aux arbres, voire en creusant un terrier. L'examen scrupuleux de mes dents leur apprit que j'étais un carnivore ; pourtant, la plupart des quadrupèdes me surpassaient ; et les mulots, tout comme d'autres animaux, étant trop agiles, ils ne pouvaient imaginer comment je pourrais me sustenter, à moins de me nourrir d'escargots et d'autres insectes ; dernière possibilité qu'ils écartèrent totalement par de multiples et savants arguments. L'un d'entre eux semblait croire que je pouvais être un avorton[1], ou un prématuré. Mais les deux autres rejetèrent cette opinion en remarquant que mes membres étaient parfaits et finis ; et que j'avais vécu plusieurs années, comme l'attestait ma barbe ; on en découvrait visiblement les racines à la

---

1. **Avorton :** résultat d'une fausse couche, être chétif et mal fait.

L'œuvre à l'examen

loupe. Ils me refusaient le titre de nain car ma petitesse passait tout degré de comparaison ; car le nain préféré de la Reine, le plus petit de tout le royaume, faisait près de trente pieds[1] de haut. Après un long colloque, ils conclurent à l'unanimité que je n'étais qu'un *Relplum Scalcath*[2], ce qui signifie, traduit littéralement, *Lusus Naturae*[3], classification d'emblée satisfaisante pour la philosophie moderne d'Europe ; les professeurs, en effet, dédaignant l'antique dérobade des « causes occultes », grâce à quoi les disciples d'Aristote tentaient jadis de déguiser leur ignorance, ont inventé cette splendide solution à toutes leurs difficultés, pour l'indicible progrès du savoir humain.

TEXTE 2

L'Île de la raison ou les Petits Hommes (1727), Marivaux. Acte I, scènes 4-6.

Comme dans L'Île des esclaves, *un groupe d'hommes et de femmes font naufrage ; mais sur* L'Île de la raison *ils sont devenus minuscules. Les insulaires s'interrogent sur cette particularité physique.*

LE GOUVERNEUR. Voilà, par exemple, des choses qui passent[4] toute vraisemblance ! Nos histoires n'ont-elles jamais parlé de ces animaux-là ?

BLECTRUE. Seigneur, je me rappelle un fait ; c'est que j'ai lu dans les registres de l'État, qu'il y a près de deux cents ans qu'on en prit de semblables à ceux-là ; ils sont dépeints de même. On crut que c'étaient des animaux, et cependant c'étaient des hommes : car il est dit qu'ils devinrent aussi grands que nous, et qu'on voyait

---

1. **Trente pieds :** environ 9 mètres.
2. **Relplum Scalcath :** la langue des Brobdingnagiens est inventée par Swift.
3. **Lusus Naturae :** jeu de la nature.
4. **Passent :** dépassent.

L'œuvre à l'examen

croître leur taille à vue d'œil, à mesure qu'ils goûtaient notre raison et nos idées.

LE GOUVERNEUR. Que me dites-vous là ? qu'ils goûtaient notre raison et nos idées ? Était-ce à cause qu'ils étaient petits de raison que les dieux voulaient qu'ils parussent petits de corps ?

BLECTRUE. Peut-être bien.

LE GOUVERNEUR. Leur petitesse n'était donc que l'effet d'un charme[1], ou bien qu'une punition des égarements et de la dégradation de leur âme ?

BLECTRUE. Je le croirais volontiers.

PARMENÈS. D'autant qu'ils parlent, qu'ils répondent et qu'ils marchent comme nous.

LE GOUVERNEUR. À l'égard de marcher, nous avons des singes qui en font autant. Il est vrai qu'ils parlent et qu'ils répondent à ce qu'on leur dit : mais nous ne savons pas jusqu'où l'instinct des animaux peut aller.

FLORIS. S'ils devenaient grands, ce que je ne crois pas, mon petit mâle serait charmant. Ce sont les plus jolis petits traits du monde ; rien de si fin que sa petite taille.

PARMENÈS. Vous n'avez pas remarqué les grâces de ma femelle.

LE GOUVERNEUR. Quoi qu'il en soit, nous n'avons rien à nous reprocher. Si leur petitesse n'est qu'un charme, essayons de le dissiper, en les rendant raisonnables : c'est toujours faire une bonne action que de tenter d'en faire une. Blectrue, c'est à vous à qui je les confie. Je vous charge du soin de les éclairer ; n'y perdez point de temps ; interrogez-les ; voyez ce qu'ils sont et ce qu'ils faisaient ; tâchez de rétablir leur âme dans sa

---

1. **Charme :** tour de magie.

L'œuvre à l'examen

dignité, de retrouver quelques traces de sa grandeur. Si cela ne réussit pas, nous aurons du moins fait notre devoir ; et si ce ne sont que des animaux, qu'on les garde à cause de leur figure semblable à la nôtre. En les voyant faits comme nous, nous en sentirons encore mieux le prix de la raison, puisqu'elle seule fait la différence de la bête à l'homme.

[...]

BLECTRUE. Hélas ! je n'ai pas grande espérance, ils se querellent, ils se fâchent même les uns contre les autres. On dit qu'il y en a deux tantôt qui ont voulu se battre ; et cela ne ressemble point à l'homme.

TEXTE 3

Micromégas (1752), Voltaire. Dernier chapitre (chapitre VII).

Deux géants, l'un de Sirius et l'autre de Saturne, de plusieurs kilomètres de haut, effectuent un « petit voyage philosophique » interplanétaire. Ils débarquent sur notre petit « tas de boue » et conversent avec les passagers d'un vaisseau – pour eux aussi minuscules que des puces –, des scientifiques et des philosophes en voyage d'étude. L'un des deux géants adresse la parole au comité de savants humains.

« Ô atomes intelligents, dans qui l'Être éternel s'est plu à manifester son adresse et sa puissance, vous devez sans doute goûter des joies bien pures sur votre globe : car, ayant si peu de matière, et paraissant tout esprit, vous devez passer votre vie à aimer et à penser ; c'est la véritable vie des esprits. Je n'ai vu nulle part le vrai bonheur ; mais il est ici, sans doute. » À ce discours, tous les philosophes secouèrent la tête ; et l'un d'eux, plus franc que les autres, avoua de bonne foi que, si l'on en excepte un petit nombre d'habitants fort peu considérés, tout le reste est un assemblage de fous, de méchants et de malheureux. « Nous avons plus de matière qu'il ne nous en faut, dit-il, pour faire beaucoup de mal, si le mal vient de la matière ; et

L'œuvre à l'examen

trop d'esprit, si le mal vient de l'esprit. Savez-vous bien, par exemple, qu'à l'heure que je vous parle, il y a cent mille fous de notre espèce, couverts de chapeaux, qui tuent cent mille autres animaux couverts d'un turban, ou qui sont massacrés par eux, et que, presque par toute la terre, c'est ainsi qu'on en use de temps immémorial ? » Le Sirien frémit, et demanda quel pouvait être le sujet de ces horribles querelles entre de si chétifs animaux. « Il s'agit, dit le philosophe, de quelque tas de boue grand comme votre talon. Ce n'est pas qu'aucun de ces millions d'hommes qui se font égorger prétende un fétu sur ce tas de boue. Il ne s'agit que de savoir s'il appartiendra à un certain homme qu'on nomme *Sultan*, ou à un autre qu'on nomme, je ne sais pourquoi, *César*. Ni l'un ni l'autre n'a jamais vu ni ne verra jamais le petit coin de terre dont il s'agit ; et presque aucun de ces animaux qui s'égorgent mutuellement, n'a jamais vu l'animal pour lequel ils s'égorgent.
– Ah ! malheureux ! s'écria le Sirien avec indignation, peut-on concevoir cet excès de rage forcenée ! Il me prend envie de faire trois pas, et d'écraser de trois coups de pied toute cette fourmilière d'assassins ridicules. »
[...]
La conversation tourne à la philosophie. Les adeptes d'Aristote, de Descartes, de Malebranche, de Leibniz et de Locke se lancent dans des explications très embrouillées pour définir l'âme.

Mais il y avait là, par malheur, un petit animalcule en bonnet carré qui coupa la parole à tous les animalcules philosophes ; il dit qu'il savait tout le secret, que cela se trouvait dans la *Somme* de Saint Thomas ; il regarda de haut en bas les deux habitants célestes ; il leur soutint que leurs personnes, leurs mondes, leurs soleils, leurs étoiles, tout était fait uniquement pour l'homme. À ce discours, nos deux voyageurs se laissèrent aller l'un sur l'autre en étouffant de ce rire inextinguible[1] qui, selon

---

1. **Inextinguible :** qui ne peut s'éteindre, qu'on ne peut arrêter.

L'œuvre à l'examen

Homère, est le partage des dieux : leurs épaules et leurs ventres allaient et venaient, et dans ces convulsions le vaisseau, que le Sirien avait sur son ongle, tomba dans une poche de la culotte du Saturnien. Ces deux bonnes gens le cherchèrent longtemps ; enfin ils retrouvèrent l'équipage, et le rajustèrent fort proprement. Le Sirien reprit les petites mites ; il leur parla encore avec beaucoup de bonté, quoiqu'il fût un peu fâché dans le fond du cœur de voir que les infiniment petits eussent un orgueil presque infiniment grand.

SUJET

a. Question préliminaire (sur 4 points)

Relevez l'apport du vocabulaire tiré de la physique et de la biologie.

b. Travaux d'écriture (sur 16 points) – au choix

Sujet 1. Commentaire.

Vous ferez le commentaire de l'extrait de *Micromégas*.

Sujet 2. Dissertation.

En quoi les différences de taille favorisent-elles l'ironie du discours ?

Sujet 3. Écriture d'invention.

Imaginez-vous réduit à la dimension d'une main, explorant la ville qui vous entoure.

Documentation et compléments d'analyse sur :
www.petitsclassiqueslarousse.com

L'œuvre à l'examen

À l' *oral*

Objets d'étude : le théâtre, texte et représentation (première, toutes sections).

Scène 8.

Sujet : comment cette courte scène fait-elle glisser la pièce de la comédie vers le genre sérieux ?

RAPPEL

Une lecture analytique peut suivre les étapes suivantes :
I. mise en situation du passage, puis lecture à haute voix
II. projet de lecture
III. composition du passage
IV. analyse du passage
V. conclusion – remarques à regrouper un jour d'oral en fonction de la question posée.

I. Situation du passage

La scène 8 est la dernière scène de la troisième partie. C'est la seule scène où Arlequin et Euphrosine sont seuls.
Les anciens valets devenus maîtres ont décidé, dans la scène 6, qu'Euphrosine serait promise à Arlequin ; à la scène 7, Cléanthis a ordonné à son ancienne maîtresse d'accepter l'amour d'Arlequin.

II. Projet de lecture

La scène 8 marque la véritable « bascule » de la pièce. Le registre comique rencontre brutalement le registre pathétique, voire tragique. L'œuvre quitte le domaine du simple divertissement et peut alors prendre toute sa portée morale.

L'œuvre à l'examen

III. Composition du passage

1. Arlequin s'approche d'Euphrosine ; intimidé, il ne sait comment débuter.
2. Arlequin déclare sa flamme à Euphrosine et lui baise les mains.
3. Euphrosine se défend maladroitement ; Arlequin lance quelques bouffonneries tout aussi maladroites.
4. Euphrosine en appelle au bon cœur d'Arlequin et lui demande de l'écouter.
5. Longue tirade d'Euphrosine. Arlequin reste muet.

IV. Analyse détaillée

1er temps : l'entrée d'Arlequin (du début jusqu'à « obligeant pour vous »)

Euphrosine est déjà en scène ; elle vient d'être admonestée par Cléanthis et rêve. Les didascalies sont importantes : Arlequin vient la « tirer [...] par la manche » après avoir sans doute manifesté sa présence par des cabrioles et des *lazzi*. Mais en refusant la convention du jeu de rôles, Euphrosine déstabilise Arlequin qui ne s'exprime que par phrases courtes entrecoupées d'exclamations. Il s'efforce ensuite de ressembler au personnage de maître ; il tente donc une tirade plus conquérante en marquant la différence de condition (« rien n'est plus obligeant pour vous »).

2e temps : la déclaration (De « quel état ! » à « je deviendrais fou tout à fait »)

Un véritable précieux se lancerait dans une déclaration alambiquée ; Arlequin, fidèle à sa nature, exprime le sentiment immédiat sans arrière-pensée : « je vous aime, et [...] je ne sais comment vous le dire. » Il est conscient qu'il paraît « nigaud », mais pour Arlequin seule compte la sincérité en amour. Il ne peut donc imaginer blesser Euphrosine par cette déclaration. Arlequin ne s'embarrasse pas non plus de compliments ; s'il aime la jeune femme, c'est uniquement parce qu'elle est belle.

L'œuvre à l'examen

Le sens du toucher – rare et important chez Marivaux – est au cœur de la scène. Arlequin est face à cette beauté comme un enfant devant une sucrerie ou un jouet rêvé.

3ᵉ temps : Euphrosine tergiverse (De « Tu ne l'es que trop » à « qu'en dites-vous ? »)

Quelques échanges assez brefs, pour une rupture de ton comme les affectionne Marivaux. Les deux répliques, courtes, d'Euphrosine, repositionnent le couple tel qu'il doit être : à Arlequin (qu'elle tutoie), la folie, de prétendre obtenir ce qu'il ne peut avoir ; pour elle-même, la pitié et la dignité. Arlequin, sans le savoir, entre dans une relation qui commence à s'inverser. Fort de son solide bon sens, Arlequin tente de réinterpréter la situation, en la commentant avec ses mots balourds : « me voilà, moi, et un empereur n'y est pas ». Le contraste est fort entre la franchise d'Arlequin et son inconséquence : Arlequin semble se rendre compte qu'il n'est pas très drôle. Enfin, en se décrivant lui-même comme un « rien », Arlequin abandonne son statut de maître.

4ᵉ temps : deux répliques pour se faire écouter (De « Arlequin » à « à genoux devant lui »)

Euphrosine nomme Arlequin par son nom, pour la première fois ; or, il est censé s'appeler Iphicrate : l'échange de noms relève clairement du passé. La jeune femme lui lance deux répliques, deux affirmations qui sont comme des ordres. Elle en appelle à son « cœur », point faible d'Arlequin ; ce n'est pas ici le cœur d'un amoureux qui vient de se déclarer (elle n'y fait même pas allusion) mais le fond d'Arlequin, sa bonne nature. Le valet ne peut que s'incliner et écouter.

5ᵉ temps : la déclaration d'Euphrosine

C'est de loin la plus longue tirade d'Euphrosine. C'est également la première fois qu'un personnage s'exprime sur un registre aussi pathétique. Les portraits de Cléanthis, même très acides, contenaient une dose d'humour. Nulle trace de comique ici. La

L'œuvre à l'examen

comédie glisse brutalement vers un autre registre, un territoire proprement inconnu. Arlequin ne peut que se taire : nous ne sommes plus dans son domaine.
Cette tirade n'est pas une déclamation tragique, avec un plan, conçue pour convaincre. Elle est au fond assez répétitive. Marivaux cherche ici à émouvoir ; il parsème la tirade de formules choc, comme le célèbre « tu es devenu libre et heureux, cela doit-il te rendre méchant ? » L'abondance des pronoms « je » et « tu » fait de la scène un affrontement, tandis qu'Arlequin croyait poursuivre le jeu de rôles.
On note que la jeune femme sort de scène, sans adieu, sans didascalie non plus. Elle croise probablement Iphicrate. Cette fin est décidément très déstabilisante.

V. Conclusion

La scène 8 marque un tournant dans *L'Île des esclaves*. L'apparition brutale du registre pathétique dans la bouche d'un personnage jusque-là effacé transforme la comédie légère, sinon en drame, du moins en comédie sérieuse. Marivaux donne au personnage archétypal Arlequin une profondeur inattendue. Il termine la scène métamorphosé, touché par la grâce. La scène est d'autant plus étonnante que le personnage d'Euphrosine, jusque-là ridiculisé, acquiert une dimension soudainement tragique : ce qui n'était qu'un « jeu » est une réalité violente. Pourtant Euphrosine n'a absolument pas conscience de ce qui se passe dans la tête d'Arlequin. Nous le découvrirons dans la scène suivante, lorsque Arlequin débute par un aparté : « Autre personnage qui va me demander encore ma compassion. »

L'œuvre à l'examen

AUTRES SUJETS TYPES

Objet d'étude : le théâtre, comique et comédie (seconde).

Analyser les éléments comiques de la scène 6. Comment cette scène parodie-t-elle la futilité des conversations mondaines ? On pourra souligner l'emploi de termes précieux, les insistances sur les nouveaux statuts sociaux des protagonistes, la mise en place dans l'espace exigée par Cléanthis et les ressemblances entre le jeu de rôles et les portraits réalisés par Cléanthis auparavant (scène 3).

Objet d'étude : théâtre, texte et représentation (première, toutes sections).

Étudiez les mouvements de personnages dans l'enchaînement des scènes sans Trivelin (scènes 6 à 10). On soulignera particulièrement les symétries, les didascalies, les effets de répétition.

Documentation et compléments d'analyse sur :
www.petitsclassiqueslarousse.com

Outils de lecture

Anachronisme
Présence d'un objet, d'un personnage, d'une notion dans un contexte historique qui n'est pas le leur. Ainsi, le portrait d'Euphrosine contient des éléments du XVIIIe siècle qui n'existaient pas dans l'Antiquité, époque supposée de l'action.

Antiphrase
Emploi d'un mot ou d'une expression dans le sens contraire à l'acception usuelle, dans le but de créer un effet d'ironie.

Aparté
Parole qu'un personnage prononce sans être entendu des autres personnages présents.

Bienséances
Dans le théâtre classique, ensemble des principes moraux, religieux, littéraires auxquels une œuvre doit obéir pour ne pas choquer les idées ou les goûts du public.

Burlesque (genre)
Représentation de personnages au rang élevé sous une apparence triviale dans le but de provoquer le rire.

Comédie de mœurs
Type de comédie qui décrit le comportement d'un groupe social ou d'une catégorie d'individus.

Commedia dell'arte
Expression italienne. Genre théâtral basé sur l'improvisation, la farce, la présence de caractères typés (le vieillard amoureux, le valet glouton, le soldat poltron…).

Courtois (langage)
Langage qui exalte le pouvoir raffiné de l'amour.

Dénouement
Conclusion d'une pièce de théâtre, qui apporte la résolution du conflit et fixe de manière rapide et complète le sort des personnages.

Didascalies
Texte d'une pièce de théâtre qui n'est pas prononcé par les personnages (indications de mise en scène ou de jeu).

Double énonciation
Procédé théâtral selon lequel un personnage s'adresse à la fois aux autres personnages sur scène et aux spectateurs de la comédie.

Dramaturgie
Art d'écrire une pièce de théâtre selon des règles.

Élégiaque (registre)
Sur un ton mélancolique et douloureux.

Empathie
Mouvement d'identification à quelqu'un, faculté de percevoir ce qu'il ressent.

Exhortation
Discours pour persuader quelqu'un d'agir.

Exorde
En rhétorique classique, première partie d'un discours, sous forme de préambule, rappelant les enjeux.

Outils de lecture

Exposition
Première partie d'une pièce de théâtre, comportant toutes les informations nécessaires à la compréhension de l'action.

Farce
Genre théâtral comique, qui trouve ses origines dans les théâtres latin et médiéval. La farce décrit des situations de la vie quotidienne vécues par des personnages vulgaires, en cherchant à provoquer le rire par des effets peu subtils (grossièretés, gestes).

Galant (vocabulaire)
Vocabulaire poli et délicat, ayant rapport aux relations amoureuses.

Harangue
Discours solennel, à l'intention d'un personnage de haut rang ou d'une assemblée.

Intrigue
Ensemble des actions accomplies par les personnages.

Invective
Suite de paroles violentes contre quelqu'un.

Lazzi
Jeux de scène comiques, le plus souvent physiques (grimaces, gestes grivois).

Métonymie
Figure de style qui remplace l'objet par la matière qui le constitue. Exemple : le fer pour le poignard.

Mise en abyme
Effet baroque qui voit une partie refléter le tout ; il en ainsi du théâtre dans le théâtre.

Monologue
Paroles prononcées par un personnage seul sur scène.

Nœud
Partie de l'intrigue pendant laquelle les volontés des personnages s'affrontent.

Parodie
Imitation comique d'un discours sérieux.

Pathétique (registre)
Qui suscite une émotion violente, et souvent la compassion.

Péripétie
Retournement de situation inattendu qui modifie le cours de l'action.

Réplique
Prise de parole d'un personnage dans un dialogue.

Rhétorique
Art de bien parler.

Scénographie
Conception du décor, des costumes et des lumières pour un spectacle.

Stichomythie
Alternance de répliques très courtes.

Tirade
Longue réplique d'un personnage.

Utopie
Pays imaginaire où un peuple vit en harmonie sous l'autorité d'un gouvernement idéal.

Bibliographie

Œuvres littéraires et philosophiques

- Daniel Defoe, *Robinson Crusoé*, 1719.
- Fontenelle, *Arlequin empereur de la lune*, 1684.
- Fontenelle, *Entretiens sur la pluralité des mondes*, 1686.
- Kant, *Qu'est-ce que les Lumières ?*, 1784.
- Alain René Lesage, *Arlequin roi de Serendib*, comédie, 1713.
- Alain René Lesage et d'Orneval, *L'Isle des Amazones*, comédie, 1721.
- Alain René Lesage et d'Orneval, *Le Monde renversé*, comédie, 1721.
- L.-F. de Lisle de La Drevetière, *Arlequin sauvage*, 1722.
- Marivaux, *Lettres sur les habitants de Paris*, 1718.
- Marivaux, *L'Éducation d'un prince*, 1754.
- Louis Sébastien Mercier, *L'An 2440, rêve s'il en fut jamais*, 1770.
- Jonathan Swift, *Les Voyages de Gulliver*, 1727.

Ouvrages et articles critiques

- Henri Coulet, « Le pouvoir politique dans les comédies de Marivaux », in *L'Information littéraire* n° 5, 1983.
- Henri Coulet et Michel Gilot, *Marivaux, un humanisme expérimental*, Paris, Larousse, 1973.
- Michel Deguy, *La Machine matrimoniale ou Marivaux*, Paris, Gallimard, 1981.
- Jacques Le Marinel, « Deux « îles » de Marivaux : *L'Île des esclaves* et *La Colonie* », in *L'École des lettres II*, n° 3, 15 octobre 1990.
- « L'Utopie », in *L'École des lettres* n° 11, mars 1981.
- Daniel Mornet, *Origines intellectuelles de la Révolution française, 1715-1787*, Paris, Armand Colin, 1953 (5e édition).
- Jean Rousset, « Marivaux et la structure du double registre », in *Forme et signification*, Paris, José Corti, 1962.
- Jean-Noël Vuarnet, *Le Joli Temps, Philosophes et artistes sous la Régence et Louis XV, 1715-1774*, Paris, Hatier, 1990.

Direction de la collection : Carine GIRAC-MARINIER

Direction éditoriale : Claude NIMMO,
avec le concours de Romain LANCREY-JAVAL

Édition : Christelle BARBEREAU,
avec la collaboration de Marie-Hélène CHRISTENSEN

Lecture-correction : service Lecture-correction Larousse

Recherche iconographique : Valérie PERRIN, Laure BACCHETTA

Direction artistique : Uli MEINDL

Couverture et maquette intérieure : Serge CORTESI

Responsable de fabrication : Marlène DELBEKEN

Crédits photographiques

	Dessin de couverture: Alain Boyer
7	Bibliothèque Nationale de France, Paris. Ph. Jeanbor © Archives Larbor
11	Musée Théâtral du Burcardo, Rome. Ph. Sergio Rossi © Archives Larbor
20	Bibliothèque Nationale de France, Paris. Ph. Coll. Archives Larbor
103	Ph. © Enguerand
104	Ph. © Enguerand
105	Ph. © Gamma/HFP
106	Ph. © Maxppp

Photocomposition : CGI
Impression : La Tipografica Varese Srl – 306057/06
Dépoôt légal : Août 2006 – N° de projet : 11033550 – Mai 2016
Imprimé en Italie